地域ブランドブックス4

葉山

高質なスロースタイルブランドの実践

神奈川県三浦郡「葉山町」の地域ブランド戦略

地域ブランドブックス

regional brand books

地域デザイン学会 監修
立川丈夫・山梨崇仁 編著

芙蓉書房出版

はしがき

湘南の国道一三四号線を鎌倉から東へ流していくと海から若々しい風に包まれる。やがて、逗子を抜け鐙摺りの切り通しから葉山に入ると、海風は落ち着いた肌合いへと変わる。そして、そのまま走り続けて横須賀に入ると日常的な活気が戻ってくる。もちろん、横須賀から西に道を辿っても同様な変化に変わりはない。この葉山の雰囲気は、御用邸を中心にこのゾーンを包んでいる高質な空気によるもののように感じられる。

葉山は従来から、全国的に名の通ったリゾート地としてのブランド力をもっている。しかし、気候温暖で風光明媚であるが、他の地域でブランド化している温泉や観光資源といった歴史的遺産に恵まれているわけではない。近隣には鎌倉市、逗子市、横須賀市など個性豊かな自治体があり、さらには鉄道駅が無いという特徴がある。そのような逆境のなかで、葉山はいかに独自のブランドを作り得たのであろうか。それを、各章で分析していくが、葉山は大きく分けて三つの時代を経験しており、その都度変革（イノベーション）し、対応していったと捉えられる。

〈葉山ゾーンの発展過程〉

歴史的交通拠点と癒しのゾーン

↓

皇室と西洋文化を吸収したモダンなゾーン
←
高質な旅感覚の生活ゾーン

葉山は、地理的な関係から房総半島を経由して、西方と東北を行き来する旅人にとっての宿場町であった。それに加えて、波静かな港のあることから物流の拠点としても賑わっていた。そこには、旅館が建ち並ぶだけでなく、高貴な旅人や裕福な近隣住民のための料亭等が発達していく。そのため、鎌倉時代になると源頼朝をはじめとする武将達の癒しの場として利用されていた。すなわち、規模は小さいながら心を癒すための場にもなっていたのである。

その流れを断絶させたのが明治維新である。とくに、御用邸ができたことから宮家をはじめとして社会的地位の高い人たちが別荘を葉山の地に求めて集まってきた。これは、葉山の別荘に来る人たちが東京や西欧の生活を地元に求めることを意味した。それに対応したことによって、葉山にはモダンな施設が生まれ、洗練された料理が提供されることになったが、それは別荘に来訪する人たちと接した町民の感覚をも高質にしたのである。この流れは一九四五年の終戦まで続く。

終戦後の一時期、米軍の影響を強く受けたが、それ以降、社会の変革により個人の別荘の多くは売りに出される結果となった。日本経済の復興とともに別荘の多くは企業の保養所や研修所に変わっていった。この利用者の多くは一流企業の社員だったことから、葉山の高質な文化は維持されていった。そのうえ、来訪する社員数は戦前の来訪者よりも多く、町の経済に貢献している*1。

これらの企業施設は、不況期に売りに出され、現在では多くのリゾートマンションや宅地へと変貌した。

さらに、宅地開発の進展と交通機関とモータリゼーションの発達によって他の地域からの移住者が増えている。しかし、鉄道便の不便さも影響して急激な宅地化は免れ、高質な文化は維持されている。これが葉山のレイドバックなブランド力を一層強める結果となっている。

これら三つの時代を通して、葉山のブランド力を強めていった要因は、時代変化毎に発揮した住民の適応力と、やり抜く力量であったといえる。これは、各章の中で証明していくが、各時代の中で人々の並々ならぬ創意と工夫と実現のための努力が継続されているのである。現在でもこの流れは変わっていない。それ故、この流れを正しく理解している限り現在抱えている葉山の課題も解決していくものと考えている。

その主な課題とは、葉山住民の高齢化と、産業への低依存度にある。葉山住民の所得は高く、住民税が財政の主用部分を占めている。町民の多くは、豊かな自然を愛するが故に産業への依存強化を望んではいない。しかし、このまま進めば、高齢者の人口が減少し、町の人口も減少せざるを得ない。それ故、町の財政を維持することも困難になってくる。したがって、比較的高所得者に移入してもらい、人口減を阻止することが重要になってくる。そのためには、高質な葉山ブランドを維持し、葉山に住んでみたいという気持ちをもってもらうことが絶対に必要な条件となるのである。ここに、葉山の地域ブランディングを考察する理由がある。

本書は、地域デザイン学会が監修する地域ブランドブックスの四冊目である。葉山町は東京や横浜の近傍にありながら独自色を強く保っているが故に、一つの地域ブランド単位と定義（ゾーニング）して取り上げた。なお、葉山町の地域ブランド戦略を要約すれば概略、以下のようになる。

第一は、風光明媚で温暖な地という環境の中で築かれ、御用邸で象徴される高質な文化をアイデンティティとして維持していることである。第二は、その文化の中で住民は、この一帯がもつ独自の事象や背景（コンテクスト）によって教養あるスロースタイルな生活を満喫していることである。そして、第三が、地域外の人たちに葉山を訪れたい、滞在したいと思わせる魅力を維持していることである。

この三点を継続することによって、町に住む人たちは転勤等のやむを得ない事情がない限り町での生活を希望すると思われる。それによって、旅感覚な生活をエンジョイし続けられるからである。また、来訪者に、いつかはこの地に住んでみたいという気持ちを抱かせることになろう。そして、これらの積み重ねによって、葉山には新住民が生まれるのであり、人口の減少を防ぐことにつながると言える。

このように、内に住む人たちにとっても、外から訪れる人たちにとっても、葉山は魅力的でなければならない。その根幹の一つが自然環境の維持であった。みどり濃い山野、澄み渡った海が基本なのである。仕事が終わっての散策に、マリンスポーツやゴルフ後の家路に夕日に染まる江ノ島や富士山の眺望が得られるのは何ものにも代え難い資源であろう。

その一方で、時代の先端をいく現代的な営みも求められるのである。落ち着いた雰囲気のフレンチレストランやイタリアン、洒落た飲み屋やバーも必要になろう。そして、静かなゾーンのなかに気品よくそれらが点在しているのである。それ故、どこの住居からも比較的近所に楽しめる場所があるという特徴をもっている。これら一つひとつの洗練されたコンテンツが調和されコンテクストを形成しているが、ここにアクターズネットワークの形成が求められることになる。これらの成果も社会環境の変化にともなって古くなり、新たな挑戦が求められてくる。それは、新たなコンセプトのもと、新コンテンツ作りと新コンテクストの形成を町民に求めるのであり、アクターたちのコラボレーションが必須になってくるのである。このなかに、歴史的に積み重ねられていった葉山的雰囲気が漂っているのであり、大橋マキ（二〇一三）

が述べるように、訪れた人に葉山はいいなというインスピレーションを体全体に抱かせるのである*2。

本書には、各地で地域デザインに自らの手で取り組んでおられる方々、または、取り組もうとされておられる方々に直接的な手がかりになればとの意図が込められている。それ以外にも日々の業務の改善等に努力されておられる方々も多いであろう。それらの方々にとって改善のヒントになれればとの思いからも書かれている。地域デザイン、問題解決等に取り組まれておられる方々にとって、少しでも貢献できれば幸甚である。

二〇一五年一月

編者　立川丈夫
山梨崇仁

*1　葉山町企画部（二〇一五）『葉山町の歴史とくらし』。
*2　大橋マキ（二〇一三）『旅するように。逗子葉山暮らし』宝島社、九頁。

〈地域ブランドブックス④〉

葉　山　高質なスロースタイルブランドの実践

―神奈川県三浦郡「葉山町」の地域ブランド戦略―

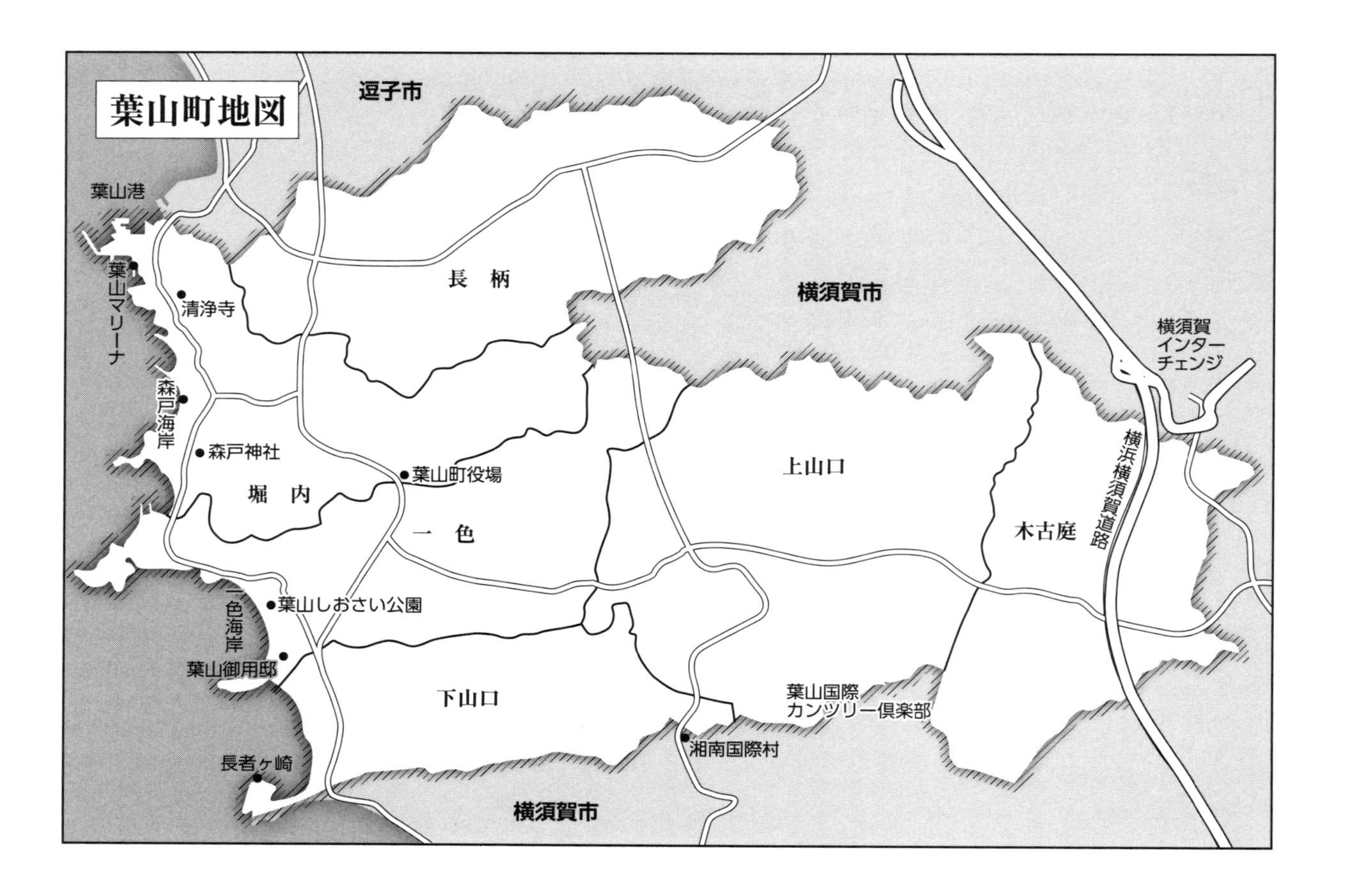

葉山町地図
逗子市
葉山港
葉山マリーナ
清浄寺
長柄
横須賀市
横須賀
インター
チェンジ
森戸海岸
森戸神社
葉山町役場
堀内
一色
上山口
横浜横須賀道路
木古庭
葉山しおさい公園
一色海岸
葉山御用邸
下山口
葉山国際
カンツリー倶楽部
湘南国際村
長者ヶ崎
横須賀市

プロローグ　レイドバックな暮らしを楽しむ葉山スタイル

原田　保

はじめに―葉山は御用邸によって生まれた東京の別荘地

本書で紹介する葉山町はとてもユニークな地域である。まず、町名がなぜ「葉山町」になったのかについて、実は葉山町の郷土史研究家*1さえも正確には知ってはいない。現時点における筆者のヒアリングでも、この町名誕生の背景についてはこれといった明白な史実の記録を見出せていない*2。いずれの説においてもそうであるらしいという域を出ていないのが実態である。

明白なのは、葉山村という名称の村が誕生したのは一八八九年、六つの村が統合された時であった、という点である。しかも、この誕生時における葉山村は、全国レベルでも知名度が低い三浦半島の付け根辺りにある、港と宿場の寒村のひとつであった。その後に、ほとんど誰にも知られていなかった葉山の地が全国的に知られるようになったのは、一八九四年に「御用邸*3」ができたことによる。その意味では、現在の葉山町の地域ブランドは明治期にできた御用邸によって確立したといっても過言ではない。

そして、現在においても、葉山ではこの御用邸を凌駕するブランド価値を保持するものを現出させていない。もちろん、御用邸以外の葉山ブランドの構築に一役かっているコンテンツとしては、例えば日本初のマリーナといわれる「葉山マリーナ*4」や横須賀市にもまたがっている「湘南国際村*5」もある。しかし、これらは共に、御用邸がトリガーになって現出した別荘地のイメージを踏まえて構築された施設であり、それゆえこれらは御用邸を超えるような存在感を見せることはできない。

なお、こうした御用邸ブランドの競合地域ブランドとしては那須町（栃木県）があるが、那須町では御用邸を前面に出して地域ブランドとしての知名度アップを図っている。それに対して、葉山町は御用邸を前面に出しての活用は控えている。それは、地元では御用邸との関係があまりにも日常的になっているからであり、それゆえ葉山を初めて訪れた人たちが町の高質さのバックボーンとして御用邸に気付くことになる。葉山町は、東京の中央に存在する皇居と直結しているとも言える御用邸のある町であることの存在感を、表に出すことなく示している。これがそれこそ高質な地域ブランドの構築に向けた葉山の戦略なのである。

葉山町においては、御用邸ができたために明治以降は宮家をはじめとした多くの著名人、例えば政治家、経営者、軍人や文人のための別荘地を構築していった。すなわち、東京から半日で行くことができる別荘地としての性格を濃厚に現出させることとなったのである*6。こうして、いわゆるセレブが集まる別荘地であるという地域ブランドの形成がそれなりに確立したわけである*7。このような別荘地であったという過去の歴史が、実は現在の葉山町にも濃厚に残っている。そこで、葉山町は今後においても那須町と同様に御用邸を捉えた地域ブランディングがそこことは異なった方向で進展すると思われる。すなわち、筆者は、ライバルの那須町が温泉などを含めてレジャー指向を強めているのに対して、葉山ではここに住む住民の暮らしぶりにフォーカスした地域ブランディングが望まれている、と考えている。

こうして、明治期から別荘地として発展した葉山町は次第に人口を増やして（現在、おおよそ三万二五〇〇人）、実になだらかに発展を遂げてきたわけである。しかも、戦後、新たに葉山町に流入してきた一般の人々（主にビジネスマン）にはここの定住者であるが、それでも他地域に比較して裕福な、かつハイインテリジェンスな人々が多く見出せる。なお、このようなポジションを獲得できたのは、一八八九年の横須賀線の開通によることが大きいと考えられる。この開通に伴い隣町の逗子市に駅ができたため、東京からの時間距離は大幅に短縮し、葉山町の発展に大きく寄与した。このようなこともあってか、現在においては葉山町と逗子市との間には密接な連携関係が見出される。それは、葉山町には鉄道の駅がなく、最寄り駅が逗子などになるため、葉山の住民は仕事やショッピングのために逗子に行くことが、まさに日常的な行為になっているからである*8。

1．「湘南」でも「三浦」でもないオンリーワンの「葉山ブランド」の可能性

さて、「御用邸の町」として一定のアイデンティティが確立している現在、葉山町にとって大事な課題は、今後のさらなる発展に向けていかなる地域ブランドの構築を行っていくべきか、ということである。そこでまず、葉山町を地勢から捉えた議論を試みることとし、そのうえで地域ブランディングの方法についての基本的な考え方の提示を行っていく。また、併せて、近接地域である鎌倉市と逗子市との比較において、葉山町が展開すべき地域ブランド戦略の特徴についての議論を行うこととする。

葉山という町は、実は広域のゾーン（zone）としては「湘南」に含まれると同時に、「三浦（半島）*9」にも含まれている、と考えられる（図表1）。

前者の湘南というゾーンとは実に曖昧なもので、かつ多様な解釈が可能なものである。そこで、筆者は、湘南というゾーン設定については、まさに地域の不動産価値の最大化を指向したゾーン設定がもっとも的

図表１　葉山が含まれる広域ゾーン

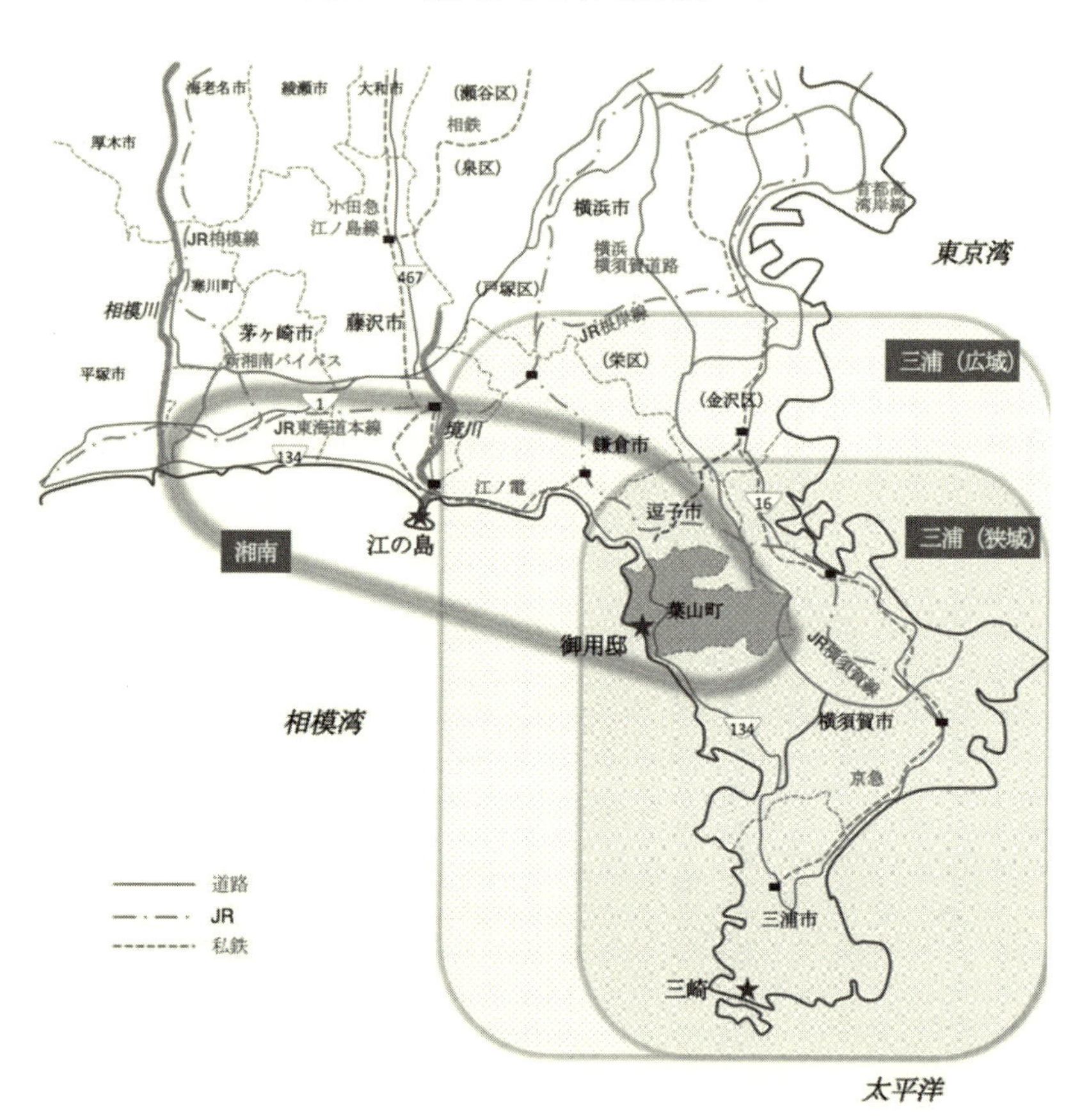

確なものである、と考えている*10。これによるならば、湘南とは、実は東から西に広大な太平洋に連なる相模湾に面した葉山町、逗子市、鎌倉市、藤沢市、茅ヶ崎市の四市一町から構成されるゾーンということになる*11。

これに対して、後者の三浦（半島）とは現在では三浦半島を意味する名称として考えるのが一般的であり、ここは南から見ると三浦市、横須賀市、葉山町、逗子市の三市一町から構成されるゾーンとなっている。三浦半島は、東から東京湾、太平洋、相模湾というような、三方が海で囲まれている広域なゾーンである。なお、これとは別に、三浦半島をもう少し大きく捉える見解もある。それは、以上の地域に加えて鎌倉市や横浜市の金沢区と栄区が含まれるというものである*12（藤澤、二〇一二）。

ここで留意すべきは、前者の湘南は地域ブランドの構築のために設定されたゾーン、すなわちデザインの対象としての戦略的なゾーンであるが、後者の三浦（半島）はどちらかというと半島といういわば地勢上のゾーンである。すなわち地域ブランディングに関しては非戦略的ゾーンであるために、結果的にデザインされるべきゾーンにはなっていない*13。これらの説から、葉山町は地域ブランドからみる湘南と地勢上からみる（地勢地域という）三浦の双方に含まれることになる。

以上のことを踏まえると、次のような考えが導出される。すなわち、葉山町は神奈川県の行政的地域分類からみれば三浦地域の一部であるものの、地域ブランドから捉えた戦略的ゾーンとしては行政分類とは異なる湘南に含めるべきであるということとなる。この考え方から理解すべきことは、鎌倉市、逗子市、葉山町は湘南にも三浦にも含まれると言えるが、それでも地域ブランディングの視点からみれば湘南というゾーンしかありえない。それは、所属すべき広域ゾーンとしての湘南という、まさに戦略的、人為的ゾーンであるからである。これは、すなわち三浦（汎用、地域）は地域ブランドのためのゾーンにはなりえないということを意味する。

そうなると、もしも鎌倉市、逗子市、葉山町が広域ブランドの湘南ブランドを使用しない場合には、当然ながら三浦ブランドを使用するのではなく、それぞれに鎌倉ブランド、逗子ブランド、葉山ブランドの使用を行うことが望ましいこととなる。また、葉山町においては、「逗葉」という生活ゾーン（生活地域）が存在しているものの、外部への情報発信を目的とした地域ブランドとしての使用については有効性を持たない、と思われる。

このように、ここでは湘南が地域ブランドとして価値のあるものとして議論してきた。しかし、以下において、この広域な湘南ゾーンと鎌倉市、逗子市、葉山町との地域ブランドの戦略的な距離について考察を行ってみる。なお、この議論において忘れてならないのは、藤沢市にある江ノ島という小さな島*14の存在である。また、周知のように、湘南のど真ん中を走る電車として著名な「江ノ電」がある。これは、藤沢駅から江ノ島駅を通り、鎌倉駅まで走るレトロ感覚のまさにスローな、リージョナル鉄道である。特に、腰越駅から由比ケ浜駅にかけては、電車が海岸沿いを走るために、観光客はまさに陽光のマリンリゾートの雰囲気を堪能できることになる。

この江ノ電の存在によって、湘南のコアエリアとしては、鎌倉駅周辺から江の島周辺（特に東西の片瀬海岸）にかけたエリアが容易に想起される。なお、観光的には、このエリアは湘南のコアリソースのひとつであるとも考えられる。ここには、例えば鎌倉の鶴岡八幡宮、建長寺（鎌倉五山のひとつ、日本最古の禅寺）、長谷の鎌倉大仏（高徳寺）や長谷観音（長谷寺）、片瀬海岸の西浜にある新江ノ島水族館など、実に多くの観光スポットが見出せる。それゆえ、このゾーンは東京圏からの日帰り観光スポットとしての評価はすでに確立している。

これらのことからも、鎌倉ブランドを主体として地域ブランディングを考える場合には、鎌倉市は広範な湘南ブランドのコアエリアという位置になろう。これに対して、湘南ブランドを前面に出して地域ブランディングを考えるならば、最大の観光スポットである鎌倉市にその他の湘南の観光スポットを付加した地域ブランディング、すなわち鎌倉プラス他の湘南の地域ブランディングが構想できる。なお、前者においては鎌倉が地域ブランドであり、後者においては鎌倉・湘南（鎌倉とその他の湘南地域という意味での湘南である）が、それぞれ地域ブランドとなる。

また、逗子市についても、筆者は、鎌倉や葉山と同様に湘南ブランドに依存しないで、それこそ単独の逗子ブランドによるアイデンティティ形成を行いたいと考えているにちがいないと推察できる。しかし、逗子市においては湘南という地域ブランドを使用しないということは現実的な対応ではない。このことは、まさに地元の住民にしても十分に認識していよう。そこで、逗子市では、湘南ブランドで勝負するのか、あるいはは湘南の一部である逗子市という湘南・逗子ブランドで勝負するか、という二者択一の選択が迫られることとなる。

次いで、葉山についてはは、すでに御用邸のイメージでの地域ブランディングが昔からできていることから、鎌倉と同様まさに単独で葉山の地域ブランディングを行うことが大いに期待できる。しかし、地域ブランディングのためのリソースが鎌倉と比較すると若干乏しいので、鎌倉のように観光を中心にした地域ブランディングを行うのは困難であろう。他方、海の暮らしを前面に押し出す点に関して湘南ブランドを活用することはそれなりに意味があると思われる。それは、まさに葉山（葉と山）という地名がマリーンとかマリンリゾートのイメージを全く感じさせないからである。

こうなると、例えば、単独ブランドとしての好ましい策が構想できれば、葉山単独での地域ブランディングが可能になる。これに対して、さほど好ましい策が構想できなければ、まさに逗子と同様に湘南・葉山（湘南の一部である葉山を表す）という地域ブランディングを行うことになる。ただし、通常、葉山の多くの住民は三浦郡の葉山町に暮らしているとは言わないし、他方では湘南にある、あるいはその東端にある葉山町に住んでいるとも言いたくないようである。そこで、筆者は、本書においては、もっぱら湘南でもない、当然ながら三浦（半島）でもないという、まさにオンリーワンのブランドとしての葉山ブランドの構築を指向するための方法を提示する。

ここでは広域ゾーンの湘南と鎌倉市、逗子市、そして葉山町との関係性を捉えた地域ブランディングの方法についての基本的な考え方の提示を行ってきた。これによって、多くの読者は、葉山ブランド構築のための方法を、鎌倉ブランドや逗子ブランドとの比較において、明確に理解できたであろう。

繰り返しになるが、ここにおける結論は、鎌倉市の地域ブランドは鎌倉独自かあるいは鎌倉・湘南で、逗子市の地域ブランドは逗子独自かあるいは湘南・逗子で、葉山町の地域ブランドは葉山独自かあるいは湘南・葉山となる。

以下では、主にオンリーワンのブランドとしての葉山ブランドの構築に向けた議論に注力したい。

2.「湘南」から捉えた「葉山」と「葉山」から捉えた「湘南」の考察

ここでは、オンリーワンとしての葉山ブランドの構築に向けて町の戦略的ポジショニングを明確にする。その上で、オンリーワンブランドとしての葉山ブランドの構築を指向するアプローチの方法についての議論を行っていきたい。具体的には、湘南ブランドから葉山を捉えたアプローチと葉山ブランドから葉山を捉えたアプローチの二つについての考察であり、これらの統合戦略の展開についての模索である。

さて、前者の視角は葉山が湘南に含まれるということからのアプローチであるから、湘南の中における葉山町のポジションを他の市町に対して相対的に高めることが求められる。しかし、鉄道のネットワークにおける優位性を保持する鎌倉市（東海道線、横須賀線、江ノ電がある）や藤沢市（東海道線、小田急線、江ノ電がある）に比較すれば、鉄道が通っていない葉山町は相対的に不利であることは実に明白である。例えば、鎌倉駅を起点に考えれば、西に向かう江ノ電サイドの海岸ゾーン、すなわち鎌倉・江の島ゾーンに対して、葉山町はいかに対抗するのかということが大きな課題になってこよう。

そのためには、鎌倉市から逗子市へ、そしてさらに葉山町に至る海岸沿い（国道一三四号線沿い）の地域を捉えたゾーンデザインが大いに期待されることとなる。それゆえ、筆者には、ここには鎌倉市から葉山町にかけた海水浴場として著名な海岸が連続して連なっているということを捉えた地域ブランディングが、大いに有効であると考えられる。これは具体的には、鎌倉市の材木座海岸から南に逗子海岸へ、さらには四つの葉山の海岸*15にまで至る連続する海岸を捉えたゾーンデザインの戦略的な構築である。

ここでは、西の茅ヶ崎におけるかつての加山雄三から現在のサザン・オールスターズ（桑田佳祐のバンド）に至るまでの著名人を捉えたマリンリゾートイメージの構築よりもいっそう強い情報発信が大いに期待されている。これはすなわち、藤沢と茅ヶ崎という鎌倉の西にある地域との海をめぐる競争に打ち勝つことが不可欠であることを意味している。こう考えると、例えば二〇一三年にCNNが行った「世界のベストビーチ」で六五位にランキングされた一色海岸*16を捉えた美しいビーチのあるエリアであるという地域ブランディングを、茅ヶ崎のようなキャラクターのパワーに依存することなく、自然そのものに依拠しながら推進することが可能になる。すなわち、葉山・一色海岸という景観を戦略的に捉えた地域ブランディングの推進を行うことが大いに期待されることとなる。

後者の地域ブランディングの視角は、著名人を利用するブランディングである。これは例えば、小樽が石原裕次郎を捉えた地域ブランディングの展開で成功を収めたような場合である。これは、前述した地域ブランディンのために前面に出すべき対応ではないが、サブ的な扱いであればそれなりの効果が期待できる。こう考えると、小樽以上に葉山こそが実は石原裕次郎*17と大いに関係あることを想起できよう。それは、葉山町が「狂った果実*18」の舞台であったことから、筆者には、それこそ小樽とは全く異なった地域ブランディングが可能であると考えられる。

もちろん、御用邸や別荘のイメージには若干反するような感もしないでもない。しかし、筆者には「太陽の季節」に代表される石原慎太郎の作品はまさにセレブな別荘族を捉えた若者の夏の海での暮らしの一面であることから、その扱い方に工夫すれば、別荘地としての葉山と太陽族との関係はさほど大きな違和感はない、と感じられる。葉山町では、インテリジェンスを前面に押し出すために、例えば裕次郎の兄である作家の石原慎太郎や「太陽の季節」*19のモデルの一人であるとされる飯田亮（セコムの創業者）の効果的な活用を行うことも十分に考えられる。

いずれにしても、この太陽族の舞台であった葉山の海岸からはよく晴れた日には遠くに伊豆半島を望めることができる。特にこの海岸のすばらしい夕日は、我が国有数の景観スポットとして知られている*20。その意味では、葉山町と海、そしてそこに映る太陽を活用したメッセージを発信すること、すなわち海と太陽をめぐるストーリーを描くことはきわめて大事なことである。

もうひとつの対応は、点在するヨットハーバーにフォーカスした地域ブランディングである。そうなると、海岸沿いの国道一三四号に沿って西にある「江の島ヨットハーバー（藤沢市）」から、「逗子マリーナ」、そして「葉山マリーナ」、さらには「佐島マリーナ（横須賀市）」へというマリーナによるマリンリゾートネットワークの形成が不可欠になる。これは、葉山マリーナという歴史ある施設をノードにした地域ブランディングの展開が可能となることを意味する。

また、葉山町から西北に湘南ゾーンを見れば、まさに葉山は湘南の東端にあることから、湘南の東の起点という葉山町の地域ブランディングは正当性を持つことになる。筆者は、かつて、平塚の西にある大磯が湘南のイメージ面におけるコア拠点であると考えていたことがある。この大磯は現在、西湘にあるとされるが、御用邸のある葉山は湘南の東端にある湘南のコアイメージ拠点であるという地域ブランディングを行うことも、それなりに有効な施策となる。そのためには、単にマリンリゾートを観光に活かした地域ブランディングではなく、むしろどちらかというと御用邸を契機とした別荘地としての地域ブランディングすることが大事になるわけである。言い換えれば、新たなマリンリゾートのイメージとかつての別荘地のイメージを戦略的に統合したコンセプトの提示が不可欠になることを意味する。

確かに、多くの住民には、鎌倉市、藤沢市、茅ヶ崎市における暮らしぶりが「湘南スタイル」＊21と言われていることは納得がいくとは思われる。しかし、鎌倉市の場合は暮らしよりもむしろ観光の方がメッセージの露出が強いし、藤沢、茅ヶ崎においては海岸地域と東海道線から北側の地域との間にある種の断絶がある、という問題点が見出せる＊22。こう考えると、ひとり葉山町にはまさに標準的な湘南スタイルとは若干異なったライフスタイルが見出されると言える。

3．レイドバックなスローライフとしての「葉山」スタイル

しかし、葉山町は湘南という広域ゾーンの一部であることもあってか、この町の住民の海をめぐる暮らしぶりは、まさに「湘南スタイル」そのものであると言える要素が多々見出せる。葉山町を含んだ広域ゾーンの湘南を一言で表せば、例えば東京や横浜を通勤圏とする人々がマリンリゾート感覚での暮らしを楽しめる、ある種のスロースタイル＊23が見出せるエリアと言える。しかし、前述のとおり、湘南の中でも鎌倉市と葉山町のポジショニングは他の地域とは異なっているのも確かである。鎌倉市は観光地としての存在感がきわめて大きいということを除けば、鎌倉市は葉山町と地域ブランディングにおいては類似性は大きいと感じられる。

さて、鎌倉市も藤沢市（南部の鵠沼）もかつては別荘や保養所が立ち並ぶエリアで、まさにひとつのアナザーワールドであったのだが、都市化が急速に進んだこともあってか（とりわけ藤沢）、かつてのスローな時空間としてのアイデンティティは希薄になってしまった。これらに対して、葉山町には、確かにここもまた現在では必ずしも別荘地ではなくなったものの、それでも都市化が進展しなかったこともあってか、あい変わらずかつての別荘地の時代に見出されたスローな時空間感覚が濃厚に残っている。これはすなわち、別荘地ではないのに、それでも現在の葉山町がかつての別荘地に見出されたスローな気分を満喫できるエリアとしてのイメージを濃厚に残し続けていることを意味する。

このようなスローな時空間が残る葉山町の特徴を一言で表すならば、「〝旅〟感覚の暮らしがある町」ということになろう。それは、葉山の日常生活がそれとなく非日常的な感じがするようなトポス（場）であるからである。もちろん、これは外側から見た印象であり、住民が自覚していることではないのかもしれ

ない。景観的には非日常的な気分が味わえるのに、そこは実は日々の生活の場である、というようなまさに非日常感覚の日常空間ともいうべき特異な場の形成が行われている。これについて、大橋（二〇一三）は葉山での生活はまさに「旅するように暮らす」という言葉が似合う町である、と述べている*24。

そこで、このまさに旅感覚で暮らすという魅力的な雰囲気を一体どのように表現したらよいのか、が大きな課題になる。もちろん、このようなまさに「葉山スタイル」ともいうべき暮らしぶりは、筆者の主張する多様な相貌を見せるスロースタイルにおいても異彩を放っている。そこで、筆者は、湘南全体に見出される湘南スタイルからいささかはみ出しているようにも感じられる葉山スタイルの暮らしぶりに対して、実は近年話題になりつつある「レイドバック（laid back）なスロースタイル」である、と規定することとした。それは、筆者が、レイドバックという概念がまさに葉山町での暮らしぶりにもっとも適した言葉と感じているからである。そこで、以下においては、レイドバックとは一体いかなるイメージを持つ概念なのか、についての若干の考察を行ってみたい。

元来、このレイドバックという概念は音楽の世界で使われていた専門的な概念である。グループを形成しているミュージシャンが演奏を行う際に、あえて楽譜とは異なる微妙な時間的なずらしにより、従来とは異なる新たな緊張感のある音楽的芸術性が現出するような場合に使われる。例えばメンバーのひとりが少し遅れてリズムを刻んだり、あるいは若干異なったリズムを刻むことで、レイドバックを有効に機能させるのである。

これが、近年、ファッション（特にプレタポルテ）の世界に持ち込まれることとなり、それこそだらしなくならないようにゆったりと着こなすという、まさに成熟したお洒落感覚のファッションスタイルを意味するようになった。

このように、筆者は、レイドバックという概念をライフスタイル論にも活用することができないものか、と考えたわけである。こうして、葉山スタイルというある種のスローライフを意味する概念として、このレイドバックという概念を持ち込んだわけである。それゆえ、本書においては、ハイインテリジェンスでハイクオリタィな生活をポジティブに表すような概念として使用される。

こう考えると、湘南スタイルの本質がスローなマリンリゾートライフであるとすれば、葉山スタイルとはもっと絞り込んだレイドバックなマリーンリゾートライフである、ということになる。こうして、旅感覚で暮らすという葉山スタイルはまさにレイドバックなスロースタイルということになる。

このような旅感覚でのレイドバックな暮らしぶりが似合う町である葉山の特徴をコピー的に表現するならば、例えば以下のようになるであろう*25。

ふと感じる光が、微笑を誘う町。
旅するように季節が巡る町。
日だまりの午後、
ふとこんな町があればいいのに。
物語りを綴るように暮らす町。

おわりに―地域ブランドとしての「葉山スタイル」の確立に向けて

以上、後章において地域ブランドとしての葉山ブランドの確立を指向した具体的な構想が提言される前に、葉山ブランドとはいかなるものなのか、という基本的な問題についての考察が行われてきた。ここでの結論の第一としては、葉山ブランドは確かに湘南ブランドには含まれているが、それでも三浦（半島）ブランドには含まれていないということであった。

そして、第二は、このような葉山ブランドは、広域ゾーンが湘南スタイルというある種のスロースタイルであると捉えられるのに対して、もっと絞り込んだ特徴で表せる、まさに旅感覚で暮らす町というようなアイデンティティの確立が望ましいということを主張した。筆者は、これこそがまさに湘南スタイルとは若干異なる葉山スタイルであり、まさにオンリーワンであろうとする地域ブランドであると結論づけた。そして、この特異なスロースタイルを表している概念こそ葉山スタイルとしてふさわしいものと考えている。

そして、第三には、これをまさにプロモーシャルに打ち出すためのキャッチワードとして今後流行が予測されるレイドバックという新しい概念の戦略的活用の重要性が主張された。このレイドバックは、暮らしの全体を捉えたライフデザインに関わる新たな概念であり、また葉山町での暮らしを表す概念としてはこれに勝るものはない、と感じられるものである。

このような基本的な考え方に立脚しながら、以下の後章では、多様なテーマに依拠した葉山ブランドのあるべき方向の提言が行われる。なお、これらの地域ブランディングについては、筆者が提言する地域ブランドに関する理論フレームと何らかの形態で関連付けられながら具体的な提言が行われている。なお、地域ブランドに関する理論は、現時点では「ＺＴＣＡデザインモデル＊26」というものである。これは、簡単に言うならば、地域ブランドは、ゾーンデザイン、トポス（topos）デザイン、コンステレーション（consteration）デザイン、アクターズネットワーク（acters netwaork）デザインの掛けあわせによって実現するという理論である。そこで、このＺＴＣＡデザインのモデルに依拠しながら、後章においては以下のようなことが議論されることとなる（原田・古賀、二〇一三）。

第一章では、スロースタイルブランドとしての湘南とレイドバックブランドとしての葉山ブランドの差異が議論され、その上で葉山スタイルがレイドバックな暮らしであるという視点から、ライフスタイルの特徴が概括的に要約される。第二章では、葉山スタイルの本質がレイドバックで語られるべきスロースタイルであることを踏まえて、葉山町での暮らしぶりの実際が、暮らしの目線からのコンステレーションのデザイン手法で提言されることとなる。第三章では、観光客に対して旅の楽しみを満喫させるための住民によるおもてなしの提供について、主にコンステレーションデザインとアクターズネットワークによるデザインの構築という観点から訴求される。第四章では、マリーンレジャーが織り成す日常性と非日常性をめぐる不思議な感覚に依拠しながらコンステレーションデザインとトポスデザインの観点からの言及が行われる。第五章は、葉山に対する本質の理解を行うべくまさに御用邸に関わる多様な地域価値が議論されることとなり、同時に歴史や自然についての理解を深めるためのコンテクストの提示が行われる。そして、第六章では、代表的なコンテンツをコンテクストとしてネットワーク化することを提示する。すなわち、葉山の商工会が進めている「共同店舗」は、葉山のブランド品を用いて住民重視の特異なトポスデザインをするものである。さらに将来を展望すれば、情報社会で避けて通れないネット商店街が浮上してこよう。このデザイン概要を提示するとともに、その実現によって地域のブランド力が高まることを説明する。

＊1　葉山の地名については、一応その由来はある。それは、はゆま（早馬の意味、馬の行き交う交通の要所であったということから由来している）、端山（山が海岸まで突き出た山地の端の地であるという意味である）というも

のである。

＊2　葉山村ができたのは一八八九年であり、木古庭村、上山口村、下山口村、一色村、堀内村、長柄村の統合によるものである。そして、一九二五年に葉山町となっている。

＊3　現在、我が国には三つの御用邸がある。葉山（葉山御用邸）、那須（那須御用邸）、そして須崎（須崎御用邸）である。なお、御用邸とは天皇、皇后の別荘のことである。

＊4　葉山マリーナは日本のマリーナのなかでは最古のものに属し、東京オリンピックの際には江の島と共に会場となっている。

＊5　湘南国際村は多目的区画地域であり、高裁的な視野に立脚した学術研究、人材育成、技術交流、文化交流を指向する緑園滞在型国際交流施設である。

＊6　多くの別荘の中で、御用邸の近隣にあったものは御用邸に組み込まれていった。それらは岩倉具定子爵、金子堅太郎子爵、井上毅子爵の別荘である。また、ここは大正天皇の時代には、政治の場としても活用されていた（葉山町、一九九四）。

＊7　当時、神奈川県から伊豆にかけては別荘地が広がっていた。特に、大磯は明治時代以降、多くの著名人が暮らす地として著名であった。なお、葉山を別荘地にふさわしい地と感じて居を構えたのは、ドイツ人医師で、皇室の典医であったベルツなどの外国人であった。

＊8　現在、逗子と葉山は「逗葉」とセットで捉え得ることもある。その意味では、逗子と葉山はある種のツインシティであるといってもよい関係にある。

＊9　三浦の名称は三浦半島の南にある三浦市にもつけられている。しかし、ここでは三浦は三浦半島、あるいは三浦郡ということでの使用を行っている。

＊10　筆者の湘南ブランドの構築にあたってのゾーンの設定も、これと同様である。ただし、厳密に言えば藤沢と茅ヶ崎は東海道線の北側、鎌倉は大船の北部を除く、ということになる。

＊11　平塚を含めて考える場合もあるが、筆者はこれを非現実的であると考える。それは、文化的背景が湘南とは異なっているし、相模川という自然の境界によって分断されているからである。また、横須賀市の相模湾沿いの山寄りの地域を湘南という場合もあるが、ビーチがないので湘南のイメージは沸きあがってこない、

＊12　筆者の三浦半島の捉え方は、この拡大解釈による地域の方である。

＊13　横須賀市も三崎市も地域ブランドとして三浦の使用を限定的にのみ行っている。たとえば、「三浦大根」等がその例であろう。

＊14　藤沢市にある小さな島である。橋で片瀬海岸に繋がっているが、歴史的に著名な観光地である。

＊15　四つの海岸とは、北から森戸海水浴場、一色海水浴場、大浜海水浴場、長者ケ崎海水浴場である。

＊16　選定の基準は贅沢な時間を過ごしたい人が満足するかどうかである。二〇一三年の一位はセーシル・ラ・ディング島のグラン・アンス・ビーチ、二位はイタリア・ランぺドゥーザのラビット・ビーチ、三位はタークス・カイコス諸島・プロヒデンシャルズのグレイス・ベイである。

＊17　彼の名前にちなんで裕次郎灯台がある。なお、正式名称は葉山灯台である。

＊18　太陽の季節の姉妹作品と言われるもので、当時、太陽族と言われた若者の生態を描いた石原慎太郎の作品である。石原裕次郎、北原三枝のセットで映画化され大変な反響があった。

＊19　主たる舞台は逗子であるが、葉山と逗子はセットと考えられるので、これを活用することの違和感はない。なお、この作品は一九五六年に芥川賞を受賞している。

＊20　特に、森戸神社、真名瀬、長者ケ崎の夕日は著名である。

＊21　現在、月刊誌である『湘南スタイツ』を発行しており、これが湘南スタイルというライフスタイルについてのメッセージを発信している。

＊22　藤沢市においては、北と南のイメージの差異から南北問題とも言われている。また、南部においても鵠沼と他の地域との間にはイメージ面での差異が存在している。

＊23　筆者が考える現在の都会人に望ましいと思われるライフスタイルである。これはいわゆるファストライフに対する対抗的な概念として提示されている。この思想については、原田保・三浦義彦編著『スロースタイル』（新評論）を参照していただきたい。
＊24　大橋は、逗子も葉山と同様であると言っている。
＊25　筆者の依頼に畏友である青山忠靖が制作したものである。
＊26　従来はZCTデザインモデルと言われていた。しかし、第四のアクターズネットワークについてもモデル名に組み込んだ方が良いと考えてAを追加して表記を行った。また、ゾーンとトポスの関連性を踏まえてCとTの入れ替えも行われた。

【参考文献】


原田保・古賀広志（二〇一三）「「海と島」の地域ブランディングのデザイン理論」原田保・古賀広志・西田小百合編著『海と島のブランドデザイン―海洋国家の地域戦略』芙蓉書房出版、四九～七五頁。

葉山町（一九九四）「葉山御用邸の歴史」葉山町編集『御用邸の町　葉山一〇〇年の歩み』葉山町、五〇～五七頁。

藤澤浩子（二〇一一）「自然保護分野における長期継続的な市民活動団体に関するケーススタディ『三浦半島自然保護の会』の五〇年の活動史から」藤澤浩子『自然保護分野の市民活動の研究―三浦半島・福島・天神崎・柿田川・草津の事例から』芙蓉書房出版、一四三～二〇〇頁。

大橋マキ（二〇一三）『旅するように―逗子葉山暮らし』宝島社。

第一章
葉山スタイルの独自性を活かしたブランディング
―葉山のゾーンデザイン―

鈴木　敦詞

はじめに

葉山を車で回ると、その小ささに驚かされる。町を外周する主要道路*1を巡るのに一時間もかからないだろう。町の面積は一七平方キロなので、ほぼ新宿区（一八平方キロ）と同じ程度の大きさになる。このような小さな町が、平成の大合併の際に周辺自治体と合併することなく今に生き残っているのには、それなりの理由があるはずであり、そこに葉山の地域デザインのヒントがあるはずである。

さらに、東京から五〇キロ圏に位置する葉山は、もちろん東京への通勤圏であり、海を求めての日帰り観光地ともなる。しかし、多くの人がもつ葉山のイメージは、ベッドタウンや単なる観光地とは異なるものではないだろうか。雑誌などに取り上げられる葉山を見ると、ゆったりとした時間感覚と共に、そこに住まうことへの憧れのようなものを感じ取ることができる。共に論じられることのある「湘南」がもつ解放感とは異なる、葉山がもつ独特のライフスタイルのようなものを感じる。

この感覚は、国道一三四号線を西から葉山へ向かう道すがらにも感じることができる。江ノ島を抜けて鎌倉までは海岸線に沿った道が続き、海を見渡す風景とロードサイドの店や海岸でサーフィンをする若者たちとがあいまって、「湘南」という言葉のもつ明るさや解放感を存分に感じることになる。しかし、逗子に入ったころから空気感は少し変わり、落ち着いた佇まいを見せ始める。さらに葉山に入ると国道一三四号線は町中に入るので海からは遠ざかる。ここで県道二〇七号森戸海岸線を選んだとしても、これまでのように直接に海沿いを走ることはなく、住宅や商業施設などの合間に時折海を望むことができるばかりである。この道を走ることでも、湘南と呼ばれる茅ヶ崎、藤沢、さらには鎌倉、逗子までと葉山は、明らかに景観や空気感が異なることを十分に体感するだろう。

では、「葉山」とは何なのか。地域ブランドとして、他ではない「葉山」という地を明確に人々の認識に位置付けるには、どのようなコンセプトで、どのようなゾーニングを行わなければならないのか。すなわち、葉山のブランディングのコアとなるゾーンデザインを定義すること、このことが本章の目的となる。

1．葉山とは何か―御用邸によって形成された、小さくも豊かな町「葉山」

葉山とは何か、これは地域ブランディングを考える上で欠かすことのできない視点である。この問いには、空間的、時間的な視点での考察を行うことが求められるが（三浦、二〇一一）、葉山は空間的には極めて狭いエリアであり、歴史的にも多くの人に認識されているような顕著な独自性を見出すことはできない。しかし一方で、なんとなくではあるが「葉山」という言葉には、憧れやゆとり、あるいは先端性を感じる人も少なくないようである。では、これらのイメージはどこからもたらされているのか。葉山を理解する上では、この点を解き明かすことが必要となってくる。

そこで本節では、まず葉山の概要を整理し、次いで葉山がどのように位置付けられているのかという空間的な検討を行う。そして、いまの葉山がどのように形成されてきたのかという歴史的な視点での考察を行い、葉山のゾーンデザインを行うための基礎とする。

（1）葉山とは、どのような地域なのか―小さくも、豊かな町

葉山は、東京から五〇キロ圏に位置する人口三万三〇〇〇人余り（二〇一四年九月一日現在）の町であり、その大きさは東西に約七キロ、南北に約四キロ程度で、総面積は一七平方キロにすぎない小ささである。また、東京への通勤圏であるにもかかわらず、町内には鉄道がなく、最寄りの駅は逗子市にあるＪＲと京急の駅となる。さらに、道路もほとんどが狭い道で、休みの日や夏ともなると渋滞が生じる。総じて、人口、面積からわかるように規模が小さく、鉄道や道路の交通網も決して充実しているとは言い難い。しかし、このような小さな町が、平成の大合併*2に巻き込まれることなく、今でもひとつの町として存在している。そこには何らかの理由があるはずであり、以下ではその理由について、歴史的な視点、地勢的な視点、産業的な視点からの考察を行う。

いまの葉山町は、一八八九年（明治二二年）に当時の堀内、一色、上山口、下山口、木古庭、長柄の六村が合併して葉山村として誕生したのが始まりとなり、その後一九二五年（大正一四年）に葉山町となっている（葉山町総務部企画課、一九九八）。いまでも、合併前の村名は葉山の行政地域として、その名を留めている。しかし「葉山」という名自体は、鎌倉時代や江戸時代の文献に表れているとされるが、その

名前の由来については明らかにはなっていないようである（葉山町総務部企画課、一九九八）。

ここで歴史を遡ると、葉山の辺りは古代の東海道であり、三浦半島の走水から海を渡り、房総半島へ向かっていたのではないかと想定されている（国土交通省関東地方整備局横浜国道事務所、二〇一四）。これは、記紀におけるヤマトタケルの故事とも繋がる話であり*3、さらに長柄・桜山第一・二号墳が四世紀後半の築造と考えられていることなど（神奈川県高等学校教科研究会社会科部会歴史分科会、二〇〇五ａ）からも、葉山の地が古代から大和政権との関連があったことが考えられる。そして、葉山が歴史の中に明確に位置付けられるのは、やはり鎌倉時代であり、森戸神社は源頼朝によってはじめられた神社であり、吾妻鏡には鎌倉将軍家と葉山との関係の記述が多く見出され、ここに保養地としての葉山の性格が見出せる（葉山町総務部企画課、一九九八）。そして、葉山の今に通ずる町の性格を決定づけたとも言えるのが、明治期に始まる別荘地としての葉山であり、そして一八九四年（明治二七年）の「葉山御用邸」の竣工であろう。この点については、項をあらためて詳細に検討を行うが、別荘と御用邸こそ葉山が今に繋がる独自性を生み出したきっかけとしてもいいだろう。

ついで、地勢的な面では、三浦半島の半ば、西北部に位置しており、湘南と一体に語られることも少なくない（この点に関しても、項を改めて検討を行う）。さらに、葉山マリーナや、「日本の渚・百選*4」

葉山マリーナ

に選ばれた海岸線が有名なことから、葉山と言えば海のイメージが強いが、実は町の七四％が緑に覆われているという（山梨、二〇一四）。たしかに、町を走るとトンネルが多いことに気付く。さらに、いくつかのハイキングコースも設定されており、「にほんの里一〇〇選*5」にも選ばれた棚田を抱える里山の景観もある。葉山は海だけではない、緑に覆われた山や里も重要な構成要素となっている。このように、海と山の資源に恵まれた町であり、住民アンケートにおいても、九割近い人が「自然環境が豊かである」ことを地域の魅力としてあげている*6（葉山町、二〇一三）。

葉山の「棚田」（葉山町提供）

産業面も、海と里の恵みがもたらしたものといえる。海は、いうまでもなく重要な観光資源となっている。町の名前を冠した「葉山マリーナ」は葉山の象徴ともいえるし、森戸海岸から一色海岸を経て続く海岸線も、葉山の観光を支える重要な資源である。一方で、里や海から収穫される一次産品も葉山の重要な資源であり、すでに名前を知られている「葉山牛」をはじめ、「葉山やさい」としてのブランド化も行われている（山梨、二〇一四）。当然、漁業も行われているが、若い女性が漁業に取組み、葉山で獲った魚介類を地元でも食べてほしいと、朝魚市を開くために奔走した姿が地元コミュニティFMの季報に紹介されている（堀・菅原、二〇一三）。さらには、雑誌等で紹介されることの多い、趣味性の高い小売店も葉山を支える重要な産業といえるだろう。単なる観光地ではなく、地元の人々が、そこに住まいながら、その地の産物を提供しようという姿が多く見られるのも、葉山の豊かさを示している。

（2）葉山は、どのように位置付けられてきたのか─三浦と湘南の狭間で

葉山は、どのようなゾーニングの中に位置付けられているのだろうか。ここでは、この点について検討を行い、葉山のゾーンデザインを行う上での視点としたい。

まず行政的な区分であるが、その地理的ポジションからも葉山町は三浦半島の中で位置付けられており、鎌倉市、逗子市、横須賀市、三浦市と共に横須賀三浦地域県政総合センターとして組織化され、三浦半島まるごと博物館連絡会や三浦半島サミットという活動に発展している。確かに、三浦半島という地に共に存在するという地域性や、葉山町にとって逗子市や横須賀市は交通の面からも協力関係を深めるべき重要なパートナーとなっていることは否めない。しかし、これはあくまで行政単位での枠組みであり、エリア内外の生活者から見た捉えられ方は、また異なるものとなるかもしれない。

そこで、ひとつの試みとして、旅行ガイドで葉山がどう位置づけられているかを以下で確認する*7。

『ことりっぷ（昭文社）』（二〇一二年七月刊）では、横須賀～三浦半島
『ことりっぷ（昭文社）』（二〇一二年二月刊）では、鎌倉～湘南・葉山
『るるぶ（ＪＴＢパブリッシング）』二〇一一年六月刊）では、横須賀～三浦・逗子・葉山
『おさんぽ（ＪＴＢパブリッシング）』（二〇一一年三月刊）では、横須賀～三浦半島
『鎌倉・湘南・三浦半島ベストガイド（成美堂出版）』（二〇〇九年九月刊）では、鎌倉・湘南・三浦半島

『湘南スタイル　エリアガイド（エイ出版）』（二〇〇八年一〇月刊）では、鎌倉〜逗子・葉山主だったガイドは右記のようになり、鎌倉との関連で逗子・葉山を捉えることが多いが、さらに大きなゾーンとして横須賀をメインとした三浦半島の中に置くか、あるいは湘南の中に置くかという判断があるようであり、ここでは明確な位置づけがないことがわかる。

「三浦半島の中での葉山」という見方は、先に見た行政区分での位置づけと思われるが、では「湘南の中での葉山」はどのような関係性によるものだろうか。そこで以下では、湘南と葉山との関係性について考察を加えていく。

まず、湘南の暮らしを紹介することがコンセプトとなっている『湘南スタイル』という雑誌があるが、この第一号の「湘南ローカルガイド」という記事の中では茅ヶ崎〜葉山の範囲を湘南として示している（湘南スタイル編集部、一九九八）。しかし、その後の記事内容を見ると、三浦や横須賀、あるいは平塚などにも触れる場合が見られ、明確に湘南とはどこなのかを定義づけしているわけではないことがうかがえる。

一般的にも、湘南はどのエリアを指すのかについては、明確な定義がない。たとえば、湘南ナンバーを取得できる自治体*8と湘南市構想で名前が上がった自治体*9が違うなど、その時々で湘南の指し示す範囲は異なる。いしい（二〇〇三）は、一〇〇人以上に聞き取った意見として、地元の人が思う湘南とは、藤沢市、茅ヶ崎市を中心として茅ヶ崎から葉山までが多数となる範囲であり、広く見ても西は大磯まで、東は横須賀の佐島マリーナとなるという、ひとまずのまとめをしている。

また『神奈川県の歴史散歩』においては、湘南について「広義には三浦半島から伊豆半島にかけての相模湾沿岸一帯を指す」としながら、「本書では藤沢・茅ヶ崎・平塚三市と、寒川・大磯・二宮三町とした」としている。さらに湘南という地名については、中国の湘江南部をさすが、当地が気候や風土に恵まれている点が似ていること、さらに相模国の南部にあることから、明治中ごろから「湘南」と呼ばれるようになったという（神奈川県高等学校教科研究会社会科部会歴史分科会、二〇〇五ｂ）。

このように湘南が示す範囲に確固たるものはないが、では葉山自体は湘南をどう捉えているのだろうか。まずは、「湘南ビーチＦＭ」がひとつの事例として上げられる。このミニＦＭ局の運営会社は「逗子・葉山コミュニティ放送株式会社」であり、元々は葉山マリーナにスタジオを構え、いまは津波に備えて逗子に本スタジオを移転したという経緯がある。このことからも、このコミュニティＦＭは葉山を拠点とした放送局であることは明らかであるが、その愛称には湘南を冠しており、リスナーにとっては葉山・逗子＝湘南ということになる。ふたつめの事例は「湘南国際村」である。この施設は、神奈川県と横須賀市、葉山町が公的セクターとなって運営する第三セクター形式の施設であるが、その目的は国際交流拠点となることである。つまり、日本ばかりか海外に向かっても施設のある場所、つまりは葉山町と横須賀市は湘南であると伝えることになるのである。他にも個人商店などを確認すれば、このような湘南を冠した事例は見つかるかもしれないが、とりあえずは、ミニＦＭとはいえ多くの人の耳に触れる放送局と、公へのアナウンス力をもつ公共施設が「湘南」と言う名称を用いている事例があることからも、葉山にとっても湘南は活用に値するものとして捉えられていると結論づけることができるだろう。

（３）葉山の形成―別荘と葉山の象徴としての御用邸

葉山は、他の湘南エリアと比較しても冬は暖かく、夏は涼しく、雨も少ない傾向にあり、このような気候と自然美が保養地として好適の地であることが、一八七七年（明治一〇年）にドイツ人医師であるベルツ博士やイタリアのマルチーノ公使によって紹介されていたという（葉山町総務部企画課、一九九八）。そして、葉山が村として誕生した一八八九年（明治二二年）とほぼ同時期の一八八八年（明治二一年）に男爵・池田徳潤が葉山に初めての別荘を竣工、ほぼ同じ時期に葉山の気候や自然を紹介していたベルツ博士とマルチーノ公使も葉山に別荘を建てている（葉山環境文化デザイン集団、二〇〇六）。

葉山御用邸

ただし、当時はまだ鉄道が逗子まで通っておらず、交通の便に難があった。この状況が変化したのが翌年の一八八九年（明治二二年）で、横須賀線が開通し逗子駅が開業することでアクセスの良さが高まり、有栖川宮や岩倉具定などの宮家や華族、さらには政府要人が次々と葉山に別荘を建てることになる（葉山環境文化デザイン集団、二〇〇六）。ここに、別荘地、保養地としての葉山はもとより、ハイソサエティ（High Society）な人々が住まう地としての葉山が始まることになる。

しかし別荘地として注目されていたのは葉山だけではない。一八八七年（明治二〇年）に東海道線が横浜から国府津まで延伸したことにより、伊藤博文が別荘を建てた大磯をはじめとして茅ヶ崎でも別荘が立つようになり、これらの地では多くの外国人も居を構えた（いしい、二〇〇三）。しかし、葉山が大磯から藤沢までの狭義での湘南エリアとは異なる空気感を漂わせ、そのステータスを留めているのは、ベルツ博士の進言によって一八九四年（明治二七年）に「葉山御用邸」が建てられることに由来するだろう。御用邸により、葉山の別荘地、保養地としてのステータスは高まり、当然厳しい警備が行われ、町の安全性が高まることになる。先に見た葉山町民へのアンケートをみても、現在でも葉山の良さの三番目として「治安の良さ」が上げられている（葉山町、二〇一三）ことからも、葉山における治安の良さがそのイメージ形成に大きな影響を与えてきたことがうかがえる。

このように、御用邸のシンボル性とステータス性により、葉山の価値がさらに高まることで、葉山への別荘建設が一気に進み、一九三四年（昭和九年）までには四八七棟の別荘が葉山に立ち並ぶことになる。この状況は、別荘生活をさらに快適なものとするためのサービス業を成立させ、さらには葉山の商店街は流行の先端をいくものとなるきっかけとなっている。このあたりの状況について葉山環境文化デザイン集団（二〇〇六）では、情報通で舌の肥えた別荘族を相手にするために商店も勉強や研究を重ね、東京や横浜、京都へ通うことで都会のファッションを早々と取り入れ、銀座にもないオリジナルアイスクリームが創られたり、鎌倉に先んじてタクシーが開業したことが記されている。また、葉山の別荘を研究した杉浦（二〇〇七）は、葉山の最大の産業が別荘産業であったとし、地元の人達も別荘族の上質な生活に接することで、洗練された生活マナーを覚え、他の地域とは少し異なる別荘文化の「品」が根付いたとしている。

このように、葉山のもつ気候と自然が、葉山が村として誕生した当初から別荘地や保養地としての葉山を生みだした。そして別荘が先進的な生活や文化を育み、さらには御用邸の存在が治安の良さや、大磯などの他の別荘地とは異なるステータス性をもたらしたことで、葉山特有の空気感が生まれ、いまに続く葉山のイメージが形成されたことが明らかになった。まさに、自然、別荘、そして御用邸が、葉山の中核価値を成したとすることができる。

2．葉山のライフスタイルに基づくゾーンデザイン
―三浦や湘南とは異なる葉山スタイルの独自性―

前節での検討を通じ、温暖で豊かな自然、別荘、そして御用邸の存在によって、葉山が特色のある、独自性の強いエリアとして形成されてきたことが理解できたであろう。そこで、このような特色のある葉山を地域ブランドとして成立させるには、どのようなコンセプトで、どのようなゾーニングを行うべきなのか、つまり葉山のゾーンデザインについて検討を行う必要がある。

そこで、本節では以下の検討を行う。まずは、今の葉山のライフスタイルを明らかにしていく。これが、ゾーンデザインを検討するためのひとつの軸であるコンセプトにつながる。そして、このコンセプトを具現化できるゾーンを検討することを通じて、葉山のブランディングのコアとなるゾーンデザインを確定していく。

（1）葉山のライフスタイル―湘南とは異なる自然との関わり、高質さ、コミュニティ

さて、葉山のライフスタイルを検討するには、時に一緒に語られることがある湘南との違いを検討することが早道となるだろう。そして、葉山を含む湘南でのライフスタイルを検討する資料としては、広義での湘南のライフスタイルを紹介する雑誌である『湘南スタイル』を使うことが妥当であろう。この中では、様々な湘南スタイルが紹介されているが、今回は本誌の二〇一三年一一月号の記事である「湘南の暮らし方」（湘南スタイル編集部、二〇一三）を元に、地域によるライフスタイルの違いを定性的に分析することにする。

この特集では一一人の暮らし方が紹介されているが、平塚と三浦在住者を除く八人について見ていく。それぞれの居住地と職業、コメントの中で特徴的に表れるワードを、以下に抽出する。

「逗子・葉山」（アロマセラピスト）……広い空、海と山、おいしい食材、人なつこい人たち、自然体になれる生活、ナチュラルな暮らし
「葉山」（会社員）……雰囲気が明るく時間の流れもゆったりして心地よい、休日はサーフィンや釣り、近所付き合いが濃くて安心感
「葉山」（マリンエデュケーター、パーソナルトレーナー）……自宅、仕事場、海のコンパクトな距離感、自然のなかに暮らす幸せ
「鎌倉」（料理家、ビストロオーナー）……海を見ながらゆったりした生活、海岸の散歩とウインドサーフィン、波の音にリラックス
「鎌倉」（デザイナー、ブランドオーナー）……海が近いから元気が出る、歩いていても飽きない風景がある、自然のリズムに合わせた自由な暮らし
「七里ヶ浜」（ガラスアーティスト）……海に毎日のように通う、サーフィンからフィーリングを得て世界観をガラスの中につくりあげる
「片瀬海岸」（レストランスタッフ）……海や川が間近な立地、おしゃれな店、スタッフの明るい雰囲気、他にはない贅沢な環境
「鵠沼」（サーファー）……うねりの到来や、潮の干満、風の変化とともに日々を暮らす、海を見ているだけで気持ちいい、たっぷりの太陽が注ぐ

これらの人々が各エリアの典型というわけではないだろうが、一方で記事であるからこそエリアの特徴を色濃く打ち出しているとも考えられる。このことを前提に、葉山とそれ以外のエリアの違いを抽出すると、つぎのように読み取ることができそうである。

葉山では海はもちろんだが山も含めた自然全体を楽しんでおり、また自然（ナチュラル）な暮らしや時間のゆったり感を大切にし、さらにはコミュニティの中での生活を楽しむ暮らしを読み取ることができるだろう。これらの印象は、鎌倉においてはまだ感じ取ることができるが、葉山から離れるほどに、海、明るさ、太陽といった表現が色濃くなることが見て取れる。湘南の海を主体とした開放的でアクティブな明るさと、葉山の海山一体となった自然とゆったりした時間、さらにはコミュニティとの関わりを大切にする暮らしは、同じ次元で語ることはできそうにない。

ここで抽出された葉山のライフスタイルをさらに他の記事を元に検証を深めていきたい。まずは、先ほどと同じ『湘南スタイル』において「遊ぶように暮らす町、葉山」（寺中、二〇一三）という特集があり、葉山にスポットをあてて、葉山の特徴を浮き彫りにしようとしている。この記事の中では次のようなフレーズが読め、いずれも先ほどの葉山のライフスタイルの特徴を補強するフレーズとすることができるだろう。

「葉山の、例えば、農漁村の素朴さと別荘文化の名残。都会との距離と海までの距離。保守的な気質と進取の精神（寺中、二〇一三、一一一頁）」

「忙しい日々の中で、ふと見上げる山や空がどれだけ自分たちを癒してくれることか。そして、独特のゆるやかな時間。この店のスタイルだって、葉山ならではだと思う（寺中、二〇一三、一一三頁）」

「自分たちの暮らしのリズムを大切にした、ゆるやかな枠組みが葉山らしい（寺中、二〇一三、一一五頁）」。

さらに、新しい記事として『アエラ』による「葉山的～ここで暮らす。ここで生きる。」（清野、二〇一四）を取り上げてみる。ここでも、葉山の暮らしぶりが紹介されており、現代の価値観との対照性を浮かび上がらせている。葉山では、「日常を大切にして、等身大で暮らすこと（清野、二〇一四、三七頁）」という価値観が新たに生まれ、自分の手と足と頭を使って自由に生きたいと願うようになった人たち、「会社に縛られないで、自分をまかなう（清野、二〇一四、三七頁）」職業観をもった人たち、たとえばカメラマンやＩＴデザイナーといったフリーランス、ショップオーナーたちが、葉山に集まるようになったという。しかし、だからといって勝手気ままに生きるわけではなく、新たなネットワークを広げ、コミュニティに根差した仕事を進めるという価値観も大切にしている。ここでもやはり、自然はもちろん大切だが、自分らしさ、そしてコミュニティがキーワードとして取上げられている。

しかし、これらは最近の価値観というわけではない。『葉山町八〇年の歩み（葉山町総務部企画課、一九九八）』では、長らく葉山に住む人のインタビューが取り上げられているが、そこでもやはり、同様の趣旨の発言を見て取れる。たとえば、シンガーソングライターのＥＰＯは「私の好きな葉山は、お洒落なイメージの葉山ではなくて、海や山など自然の素朴さに溢れているところです（葉山町総務部企画課、一九九八、一二頁）」と語り、指揮者の飯森範親はドイツで住んでいる町と葉山が似ているといい、「それは、住むということにみんなが意識を持って取り組んでいるところです。住めればいいという人はあまりいません。この町に住むことへの誇り、この町をもっといい町にしたいという意識が高く、環境問題や町並み整備にはとても関心が高いことが共通しています（葉山町総務部企画課、一九九八、一四頁）」とする。海と山という自然に包まれること、そして積極的にコミュニティに関わろうとする葉山のライフスタイルが表現されている。

（2）どこでもない「葉山」のライフスタイル～スロースタイルの具現化

前項では、葉山についての様々な記事から、葉山のライフスタイルを抽出することを試みた。そこで明らかになったのは、湘南とは異なる、やはり葉山独自のライフスタイルが存在するということである。

葉山についてのひとつの連想として、葉山、マリーナ、海、湘南、リゾートといった一連の流れを導くことができる。たしかに、これも葉山の一側面ではあろう。しかし、この連想は、あまりにも湘南のイメージに影響を受けたものといえそうである。先の葉山のライフスタイルを読み込むことからの連想は、むしろ、海のみではなく山も含めた自然、ゆったりとした時間、等身大の自然な暮らし、コミュニティや仲間を大切にした暮らし、といった連想こそが似つかわしいのではないだろうか。この感覚は、湘南サウンドと4ビートの違いと似ているかもしれない。

湘南サウンドといえば、言わずと知れた加山雄三やサザンオールスターズ、そして彼らの曲が連想されるだろう。湘南のイメージをさらに理解するためにも、ここで湘南サウンドについての理解を深めておくことは有益なので、以下では西村（一九九九）を参考に湘南サウンドについて整理していく。湘南サウンドは、一九六〇年代に、加山雄三も経営に加わったリゾートホテルである「パシフィックホテル茅ヶ崎」から生まれ、明るく、開放的なサウンドが特徴となる。この精神を継いだのがブレッド＆バターがオープンした「カフェ・ブレッド＆バター」であり、ここには鳥山雄司、南佳孝、荒井由実らのミュージシャンが集まり、新たな湘南サウンドを創造していった。では湘南とは何なのか、南佳孝は「カッコよくてオープンで、加山さんが作ったいろんなイメージがあるんだよね。こっちに来ると、抜けた感じがすごくしたね。すごく気分転換になるし、サッチンはすごくオープンマインドだしね（西村、一九九九、一三〇頁）」と語っている。さらに、同じくミュージシャンである浜口茂外也は「海がある解放感が、海辺の良さでしょ。海は外国につながっているという解放感がたまらないんですよ（西村、一九九九、一二六頁）」と語る。まさに、このカッコよさ、抜けた感じ、解放感が湘南サウンドにはある。

一方で、葉山の4ビート感とは何か。これは、葉山の住人で湘南ビーチFM社長でもある元NHKアナウンサー、木村太郎のインタビューに出てくる言葉なのだが、このFM局を開局するにあたり行ったアンケートで4ビートの音楽が聞きたいという回答に触発され、構成を4ビート中心にした（葉山町総務部企画課、一九九八）という逸話に由来させている。いまでも、湘南ビーチFMのプログラムはほとんどがJAZZで構成されており、湘南と名付けながら、そこではほとんど湘南サウンドが流れることがない。しかし、このJAZZの4ビート感は、たしかに葉山の街並みや暮らし、そして先にまとめた葉山スタイルに合う。また、湘南サウンドの代表格であるサザンオールスターズにも葉山の日影茶屋が歌詞に含まれる曲（「鎌倉物語」）があるのだが、この曲は代表的なサザンの曲調とはまったく異なる、ゆったりした流れの曲であることも興味深い。桑田佳祐も、葉山にはこのようなイメージを持っていたのだろうか。

このように、湘南と葉山の違いは、湘南サウンドと4ビートの違いに類似している。そして、このサウンドの違いを参考にしながら、ここでもう一度、葉山と湘南のイメージを整理しておく。湘南は、まさに常に海に接していることからもたらされる、明るさ、解放感、カッコよさがその底流に流れているとして整理される。一方で葉山は、海のみではなく山も一体となった自然、ゆったりとした時間、等身大のナチユラルな暮らし、コミュニティや仲間を大切にした暮らし、といったイメージであり、スロースタイルという言葉を想起させる。さらに、そこにはプロフェッショナルや、高質感といったスタイルをも合わせ持つ。スローだが、高質で、プロフェッショナルな暮らし、これこそが、葉山のゾーンデザインを考える上でのコンセプトとなる。

（3）オンリーワンブランドとしての「葉山」―葉山のゾーンデザイン

さて、葉山のコンセプトを、スローだが、高質で、プロフェッショナルな暮らしと設定した場合、葉山のゾーニングはどの範囲で考えるべきだろうか。

ここで、地域デザイン理論であるＺＴＣＡ理論が本著での検討に使われているが、その概念については、プロローグで整理されているのでここでは重複を避ける。ここに含まれる構成を統合しながら検討することが地域デザインの本質になるという考え方である（原田・古賀、二〇一三）。さらに、ゾーンデザインとトポスデザインの関係については、トポスがゾーンを構成する要素であるが、しかし一方でトポスの存在いかんによってゾーンが設定されるとも考えられるのである（原田・浅野・庄司、二〇一四）。これらを念頭に置きながら、以下では葉山のゾーンデザインについて考えていく。

まずは、これまでは「海」や「保養地、観光地」といった共通価値によって共に語られることが多かった湘南との関係性を整理する。すでに詳細について検討してきたとおり、葉山と湘南が発現する価値（コンステレーション）は、大きく異なることが明らかになっている。結果として、葉山と湘南を同じ場（ゾーン）として設定することは、それぞれの価値を損なうこととなり、なんら意味をなさないだろう。ここにおいて、湘南という大きなゾーンの中に葉山を位置付けることは、適切なブランディングとならないことが明確になった。

では、三浦半島との関係性はどうだろうか。そもそもが、この括りは三浦半島という地勢的、あるいは行政的な意味合いからなされている場（ゾーン）づくりであり、共通の価値（コンステレーション）を持ちえないことは議論をまたないであろう。このような検討から、地域ブランディングの視点に立つならば、三浦の中に葉山を位置付けることには意味を見いだせないと結論づけることができる。

ただし、ここで三浦という大きな括りではなく、鎌倉・逗子という範囲にゾーンを設定するならば、先にエリア別のライフスタイルを検討した際に明らかになったように、鎌倉や逗子で得られるライフスタイルや価値（コンステレーション）は、葉山と近しいものがあるともいえそうである。

では、葉山と鎌倉、逗子をひとつのゾーンとして設定してもいいのか。ここで、ゾーンとトポスの関係性の問題が出てくる。先にも指摘したとおり、ゾーンの構成要素としてトポスをみることもできるが、一方でトポスによってゾーンが規定されるという視点も忘れてはならない。このことに思いを致すならば、葉山のトポスは何か、ということを今一度検討しなければならない。葉山における重要なトポスは、海と山が一体となった自然でもあるのだが、象徴的なトポスとなるべきは「葉山御用邸」である。御用邸があるからこそ、多くの上流の人々が別荘を構えることになったのであり、それによって高質な文化や生活が育まれたのであり、さらには他では得られないレベルの治安が保たれているのである。このことから、たしかに葉山と鎌倉、逗子において最終的に発現される価値は表面上は似たようなものであるかもしれないが、その独自性を形作っているトポスは葉山にしかありえないことに気付く。となると、やはり葉山と鎌倉・逗子を同じゾーンで設定すべきでないことが明らかになる。

以上の確認作業を通じ、やはり葉山は単独でブランディングしなければならない地域であることが明確

図表２　「葉山の地域デザイン」概念図

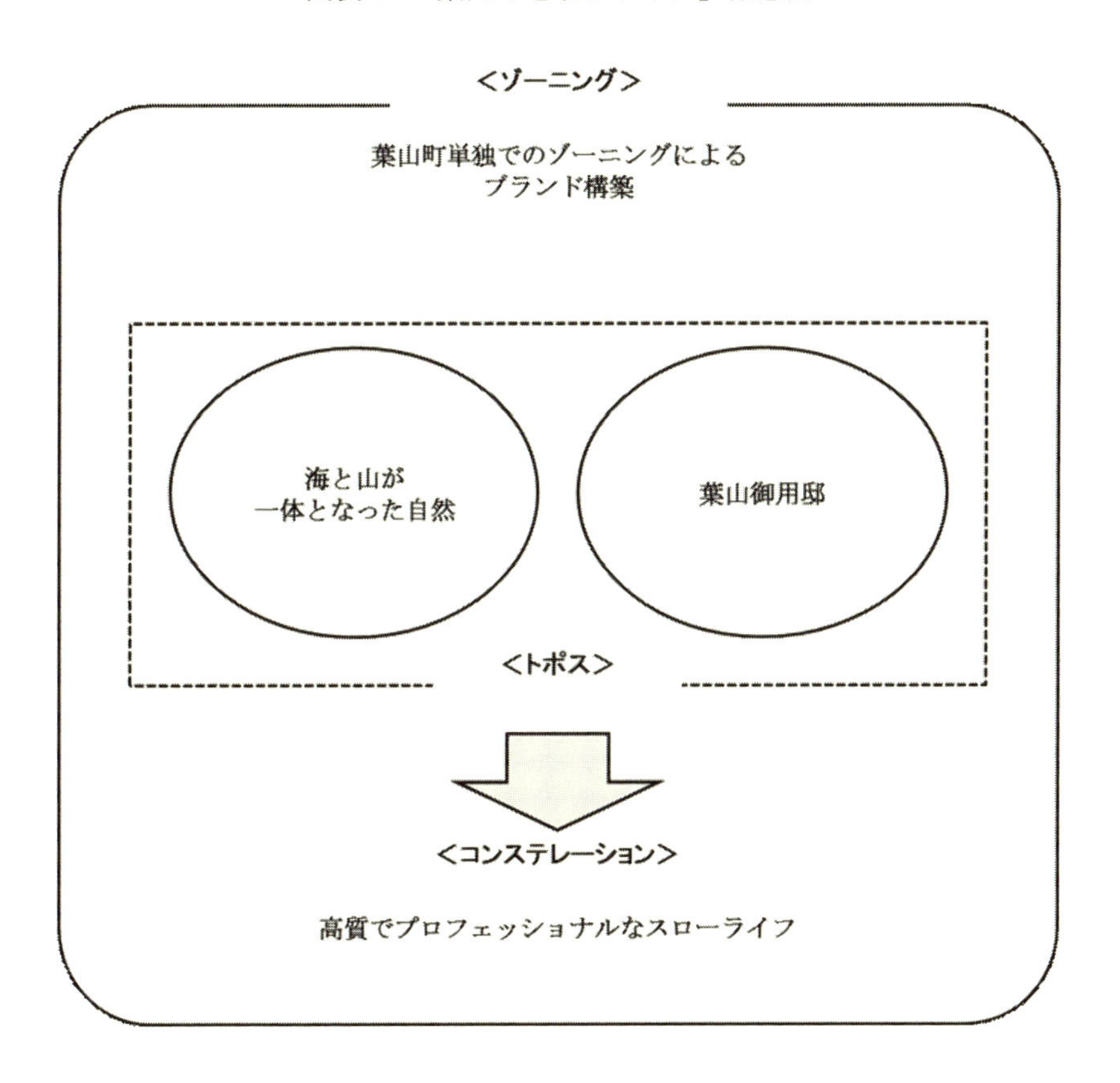

となる。平成の大合併において、他市と合併しなかったことは正しい選択であった。これまでの議論を整理して、葉山の地域デザインの骨子を整理するとつぎのようになる。葉山における海と山が一体となった自然と御用邸という独自性（トポス）によって、高質でプロフェッショナルなスローライフを実現し得る町としての価値（コンステレーション）を発現し得るのは、トポスが他でもない現在の葉山という小さな場（ゾーン）に存在するからこそということを大切にし、葉山単独でのブランディングを行うことが必要となる。

ただし、ここで以下のことには留意をしなければならない。これまでの議論は、葉山のブランディングを検討するためのものであり、葉山という地域をブランドとして構築するのならば、単独でのブランディングが有効であるという議論であった。しかし、現実的な行政やエリアとしてのキャンペーンを考えるには、他の地域との連携は念頭に置く必要がある。行政単位での三浦半島連合は今まで通り必要であろう。さらに、観光客の誘致において葉山単独でのキャンペーンが難しい場合は、鎌倉、逗子、葉山との連携において訴求を行うことも有効であろう。この場合に、最初から葉山を目指してくれるようなブランディング、あるいは鎌倉や逗子に足を運んだ人が葉山にも寄ろうと思わせるためのブランディングが必要になる。そのためにも、これまで検討してきたデザインに基づいて、葉山単独でのブランディングを確実に行うことが重要になるのである。

おわりに

本章では、葉山の地域デザインを進めるためのゾーンデザイン（コンセプト＋ゾーニング）についての検討を行ってきた。ここで明らかになったことは、現在の葉山を形成したものは、海と山とが一体となった自然であり、その自然があるからこそその御用邸の存在であった。わずか一七平方キロの大きさに三万人強の人口しかもたない小さな町ではあるが、これら強力なトポスによって、葉山はその独自性を維持することができたのであり、これまで単独で葉山の価値を守ってきたからこそ今があるともいえる。

そして、小さいエリアだからこそ、これらトポスのもつ独自の価値が強力に発現し、葉山のライフスタイルである高質で、プロフェッショナルな、スローライフが形成されるに至ったと考えることもできるだろう。この価値はまさに現代の社会に求められている価値でもあり、このライフスタイルを評価する人たちが、新たにコミュニティに加わることにより、さらに熟成された新たな価値の創造につながる。葉山はこのような善循環によっていままで存在してきたし、これからも存在し続けることになるだろう。

しかし一方で、行政活動や町の活性化を考える際には、その小ささはネックとなる。プロフェッショナルが多く住む町であるからか、一人当たりの課税所得が全国トップクラスであり、高額納税者も多い（山梨、二〇一四）。しかしながら、人口が少ないため、税収総額で見るならば小さなものにならざるを得ず、十分な行政サービスを行うには難しい状況にあるといえる。「葉山」をその独自性でブランディングし、さらに価値を高めていくには、葉山町単独での活動が必要であることは、議論を重ねてきた通りである。しかし、実際の活動においては、規模のハンデを克服するためにも、周辺地域との連携も十分に考慮しなければならないことを、最後に付け加えておきたい。

＊1　渚橋の交差点から逗葉新道へ入り、南郷トンネルから南下、湘南国際村を抜けて、秋谷の交差点で国道一三四号線を北上というルートである。

＊2　平成一一年以来推進された市町村の合併政策。平成一一年（一九九九年）時点で三二三二あった自治体数が、平成二二年（二〇一〇年）には一七三〇まで減少した（総務省、二〇一〇）。
＊3　日本書紀における巻第七・景行天皇の章ヤマトタケルの東征の記述の中で、ヤマトタケルが相模から上総に渡った故事があり、彼が渡った海を馳水（はしるみず）と名付けたという記述がある（宇治谷孟、一九八八）。
＊4「海の日」が国民の祝日となったことを記念して、日本の渚百選中央委員会が各省の後援を受け、一九九六年に選定した（日本の森・滝・渚 全国協議会、二〇〇八）。
＊5　朝日新聞と森林文化協会の共同事業。里を対象として、景観や生物多様性、人の営みを基準に選考を行い「一〇〇選」を決定し二〇〇九年一月に発表した（朝日新聞社・森林文化協会、二〇〇九）。
＊6　他の項目では「葉山というブランド力」が七〇％、「治安がよい」が四六％と続く（葉山町、二〇一三）。
＊7　いずれも、Amazon での検索結果である（二〇一四年九月二九日閲覧）。
＊8　湘南ナンバーが取得できるのは、小田原市、二宮町、大磯町、平塚市、茅ヶ崎市、藤沢市であり、鎌倉市、逗子市、葉山町は横浜ナンバーとなる（いしい、二〇〇三）。
＊9　湘南市構想に含まれていたのは、二宮町、大磯町、平塚市、茅ヶ崎市、寒川町、藤沢市の三市三町であり、横浜市、川崎市に次ぐ第三の政令指定都市を目指した（いしい、二〇〇三）。

【参考文献】


朝日新聞社・森林文化協会（二〇〇九）「にほんの里一〇〇選ホームページ」http://www.sato100.com/（二〇一四年　九月二八日閲覧）。

いしいきよこ（二〇〇三）『湘南暮らし　ローカルでプチブルな海辺のスタイル』東京書籍。

宇治谷孟（一九八八）『全現代語訳　日本書紀（上）』講談社。

神奈川県高等学校教科研究会社会科部会歴史分科会（二〇〇五ａ）『神奈川県歴史散歩（上）～川崎・横浜・北相模

・三浦半島』山川出版社。

神奈川県高等学校教科研究会社会科部会歴史分科会（二〇〇五b）『神奈川県歴史散歩（下）～鎌倉・湘南・足柄』山川出版社。

清野由美（二〇一四）「葉山的～ここで暮らす。ここで生きる。」『アエラ』二〇一四年六月三〇日号（通巻一四五八号）、三六～四四頁。

国土交通省関東地方整備局横浜国道事務所（二〇一四）「東海道への誘い―東海道Q＆A―東海道について」http://www.ktr.mlit.go.jp/yokohama/tokaido/02_tokaido/04_qa/index1/a0103e.htm（二〇一四年九月二八日閲覧）。

湘南スタイル編集部（一九九八）「湘南ローカルガイド」『湘南スタイル』一九九八年六月号（通巻一号）、五〇～五五頁。

湘南スタイル編集部（二〇一三）「湘南の暮らし方」『湘南スタイル』二〇一三年一一月号（通巻五五号）、三八～五五頁。

杉浦敬彦（二〇〇七）『葉山の別荘』用美社。

総務省（二〇一〇）「報道資料『平成の合併』について」の公表」http://www.gappei-archive.soumu.go.jp/heiseinogappei.pdf（二〇一四年九月二八日閲覧）。

寺中桂子（二〇一三）「遊ぶように暮らす町、葉山」『湘南スタイル』二〇一三年一一月号（通巻五五号）、一〇八～一一九頁。

西村百合子（一九九九）「湘南にひとつの文化とスタイルを築き上げたミュージシャンたちのストーリー　わずか九坪のユートピア」『湘南スタイル』一九九九年一一月号（通巻三号）、一二三～一三一頁。

日本の森・滝・渚全国協議会（二〇〇八）「日本の森・滝・渚百選ホームページ―日本の渚・一〇〇選」http://www.mori-taki-nagisa.jp/100/beach/index.html（二〇一四年九月二八日閲覧）。

葉山町（二〇一三）「『第四次葉山町総合計画』策定に向けたアンケート調査　集計結果報告書」

http://www.town.hayama.lg.jp/chousei/outline/131226_sougou_enquete.html（二〇一四年九月二八日閲覧）。

葉山町総務部企画課（一九九八）『葉山町八〇年の歩み』葉山町。

葉山環境文化デザイン集団編（二〇〇六）『葉山の別荘時代』葉山環境文化デザイン集団。

原田保・古賀広志（二〇一三）「「海と島」の地域ブランディングのデザイン理論―ZCTデザインモデルによるドラマツルギーの発現にむけて」原田保・古賀広志・西田小百合編著『海と島のブランドデザイン』芙蓉書房出版、四九～七五頁。

原田保・浅野清彦・庄司真人（二〇一四）「事例の考察―ZCTデザインモデルの展開状況を読み解く」原田保・浅野清彦・庄司真人編著『世界遺産の地域価値創造戦略』芙蓉書房出版、三〇五～三二七頁。

堀祐一、菅原恵利子（二〇一三）「湘南 Who's Who 育った海で未来を見つめる新米漁師」『Shonan Beach FM magazine』二〇一三年冬号（通巻三二号）、一五頁。

三浦俊彦（二〇一一）「地域ブランド論の革新」原田保・三浦俊彦編著『地域ブランドのコンテクストデザイン』同文舘出版、二五七～二六三頁。

柳沢光二（二〇一四）『葉山にて』用美社。

山梨崇仁（二〇一四）「葉山町の地域デザイン」地域デザイン学会第三回全国大会実行委員会『第三回地域デザイン学会全国大会予稿集』地域デザイン学会、六八～七一頁。

第二章
ゆっくり流れる高級感覚の町
―御用邸を中心とした高級コミュニティ戦略―

鈴木　正祐

はじめに

葉山は鉄道駅がないこともあって駅前商店街に相当するネオン輝く繁華街をもたない。しかし、街全体が寂れているのかというとそうでもない。そこには、落ち着いた雰囲気で、しかも時代の先端を感じさせる生活が息づいている。もちろん、その中心にあるのが皇室と密着したレベルの高い生活文化である。その文化の中で育った葉山の生活習慣が、最新の感覚を取り入れつつ心に余裕を残したスロースタイルのコミュニティを作り上げている。

その一端を担っているのがゴルフ場の存在であろう。このゴルフ場は東京や横浜近辺から近いこともあって町内外からの利用客に親しまれており、葉山の一つのシンボルになっている。特に、町民の多くがゴルフに親しんでおり、これを核としたコミュニティを作っている。この営みは、日常生活の中に取り込まれており、ゆっくり流れる旅感覚な葉山文化に役立っているのである。

また、多くの外食店を含めた飲食店が町全体に散在しているのもこの町の特徴である。飲食店が散在している理由として、別荘の町であったことが挙げられる。昔は各別荘から、今はそれに加えて各家庭から容易に飲食や買い物のできることが求められたからである。そのため、葉山では現在でも人々が近距離にある飲食店や名産店で生活を楽しめるのである。このように、葉山の暮らしは後章で述べるマリンスポーツを含めて旅感覚で、しかも現代的な生活のできるリゾートライフが楽しめるようになっている。

よく、マスコミ等でゆっくり時間が流れるコミュニティであり、かつ心の余裕を残している地域の例として、山間の村が挙げられる。しかし、そのような地域の特徴は、現代感覚から取り残された昔ながらの里山生活が多い。そこにはそれなりの魅力があるが、葉山でのモダンな生活パターンはこれとは異なるものである。この章では、最新の近代的感覚を取り入れつつレイドバックな葉山ブランディングの実際を理解するとともに、これからの提言を試みる。

1. 皇室と密着した生活空間

葉山の御用邸は他の御用邸の中で東京から一番近くにあり*1、皇居から自動車で二時間程度の距離にある。このこともあって、両陛下をはじめ皇族の方がよくおみえになられる。葉山では、その際に近くの浜辺をはじめ棚田や山林といった自然に触れられることが多い。このような場合、皇室の方々に町民はごく自然な振る舞いで接しているのである。

（1）御用邸の建立と町のシンボル化

葉山町（一九八四）の資料では、この地に御用邸が建設される経緯を下記のように綴っており、町民の歓迎を受けて町のシンボルとなっていく過程が理解される。そのきっかけを作ったのは、駐日イタリア公使レナード・デ・マルチイーノ*2であり、葉山の風光明媚と温暖な気候に引かれて彼自身一八六一年に別荘をこの地に建てている。

その後、皇室の侍医であったドイツ人医師のエルウィン・フォン・ベルツ*3は知り合いのレナード・デ・マルチイーノの案内で葉山を訪れている。ベルツは医学者の立場から葉山が保養地として適地であることを確認し、各方面へ推奨している*4。マルチイーノもこの地に別荘を建てているが、横須賀線もない不便な時代から両氏ともにしばしば葉山を訪れこの地の生活を楽しんでいる。

このベルツが転地療養の有効性を皇室へ説明するとともに、御用邸を葉山に置くことを明治天皇に進言している。葉山には、明治の重臣達の別荘も多かったことと、病気療養中だった英照皇太后（孝明天皇皇后）の療養地としても適していたことから一八六二年（明治二六年）に御用邸建設が決定されている。決定後の建設は急ピッチで進められ、決定後七ヶ月の一八六三年（明治二七年）に完成している。

この完成によって、葉山は御用邸の町として日本中から注目を集めるとともに、宮家、華族、政治家、実業家、軍人・文化人等が続々と別荘を建て始めている。その傾向は、その後も長く続き「葉山町勢要覧」（一九八四および一九九〇）によると、一九二七年（昭和二年）における葉山の別荘数は三九六戸、一九三四年（昭和九年）には四三二戸に達している。別荘数が増加したのみでなく、皇室との関連でマスコミが葉山御用邸を大きく取り上げたことも多かった。それによって、御用邸は葉山のシンボルとなっていったのである。

例えば、大正天皇は葉山をこよなく愛され、そのうえ病弱であられたことから大正末には御用邸の付属邸で過ごされることが多かった。そのため、主要な政治家がしばしば来葉したが、その内容はその都度マスコミに取り上げられ、御用邸の名も報じられることになった。大正天皇が町民挙げてのご平癒祈願の念も空しく崩御されたのも御用邸の付属邸であり、直ちに皇太子（昭和天皇）、皇太子妃が践祚の儀を行い、皇位を継承されたのもこの付属邸であった。そして、この地から元号が昭和となったことが発せられたのである。

また、昭和天皇が海洋生物のご研究を葉山海岸で行われたことは有名であり、何冊かの研究成果を出版されておられる。このような皇室に関する出来事は多く、今後も継続されよう。それが葉山のシンボルとしての御用邸なのである。

（2）御用邸と葉山のスロースタイル

皇室の方々が葉山に来られる目的は、もちろんご静養のためである。すなわち、日常の多忙な公務から離れて心身ともにリラックスされるためである。そのため、葉山にご滞在中はゆったりした時間を求められるのであり、町としてもそれにお応えしてきた。もちろん、みどり濃き山河、紺碧の海といった自然環境が前提となるが、そのなかをゆっくり散策できる静かな環境も必要なのである。特に、後者は住民が作り出す環境になることから、皇室の方々に対する町民の日常の生活態度や立ち振る舞いが重要な要素となってくる。

これが確立、維持されているため、平成の今日でも両陛下は年間二～三回はご滞在になられている。その際は、近くの海岸や山野等を散策されるが、単に散策されるだけでなくそこで出会われた町民等と会話されることも今日では常態化している*5。このような機会は明治時代から続いているのであり、その間に町民側では皇室の方々と接した場合のマナーを自然と備えていったといえよう。

もちろん、公式には両陛下がお見えの際とお帰りの際には、県警本部長、葉山町長等が御用邸敷地内の車寄せでお迎えし、お送りする。しかし、その他に多くの地元有力者や町民が自発的に沿道で送迎している。筆者も幾度か参加しているが、ここには形式的なものを越えた心の交流が感じられる。

これは単に、皇室の方々との間でみられるものではなく、保養を目的で葉山に別荘を持つ多くの著名人との間でも同じである。別荘に宿泊する来訪者は、多忙な日常生活から逃れ、ゆっくり休養を楽しむ目的で来葉するのである。そして、その人たちは、休養の手段として散策をはじめ、本章で後述するゴルフであったり第四章で説明するマリンスポーツであったり、観光や飲食等を楽しまれるのである。

さらに後年、別荘の多くが企業研修の場になると、企業戦略策定から新入社員研修までのさまざまな知的作業が行われるようになる。その多くがビジネスマンやビジネスウーマンであり社会的水準の低い人たちではなく、しかもその数も決して少なくない。これらの研修活動が行われた後の社員達もリラックスするための息抜きを求めることになる。

以上のような種類はさまざまだが、これらの人たちは癒しの場にふさわしいコンテンツを、時代を超えて現在まで葉山に求め続けているのである。しかも、この要求は時代の流れとともに変化する。そのため、時代を読んだコンテンツでの対応が必要であり、この町では愚直なまでにその実現に努力した。

それについては、後の章で説明していくが、皇室の方々や多くの別荘来訪者との心の触れ合いを通じて、町では高質な文化を作り上げていった。その結果、家族を含めた来訪者はゆっくり別荘や宿泊設備に滞在し、のんびりマリンレジャーや山歩き等に汗して、高質な雰囲気のある場所で美味しい料理とお酒を楽しめるのである。それ故に、来訪者は心身共にリフレッシュでき、明日の英気を蓄えて帰宅できるのであろう。これらの努力の結果、葉山は来訪者に顧客満足を与え続けているのであり、今日でも葉山のアイデンティティを持続しているのである。

町民も同じ環境のなかで多くの来訪者とコミュニケーションをとりつつ、その習慣に同化しながら自らの生活を楽しんでいる。すなわち、毎日の仕事の合間を利用して、ゴルフやマリンスポーツ等々のコンテンツを楽しみながら心の豊かさを可能にしているのである。これらについては各章の中で取り上げていくが、癒しを求めて都会から来訪する人たちにとって、葉山の生活は非日常的なものである。しかし、それが葉山の住人にとっては日常化された生活として体験できるのである。そして、その本質はスロースタイルで旅気分での高質な生活空間なのである。ただし、時代に即して葉山は、さらに日々進化するレイドバック文化を創造しなければならないのである。

2. 葉山ブランドに欠かせないゴルフ場

葉山には、三浦半島で唯一のゴルフ場である「葉山国際カンツリー倶楽部」をもつ。ゴルフ場というイメージは葉山のイメージと重なるものであり、外部からの利用者からも町内の利用者からも愛されている。外部には高質な葉山のレジャーとしてのシンボルになっている一方、内部にはスロースタイルのためのシンボルになっているといえよう。

(1)葉山国際カンツリー倶楽部の生い立ち

葉山町にゴルフ場ができたのは、第一次ゴルフブーム中の一九六三年(昭和三八年)であった*6。久保田誠一(二〇一四)は、一九五七年からの第一次ゴルフブームとゴルフ人口について、左記のように述べている。すなわち、このブームは一九五七年に霞が関カンツリー倶楽部で開かれた第五回カナダカップで日本が団体と個人(中村寅吉)で優勝したことから起きたものだと説明する。スポーツ紙はもちろん一般紙まで詳報し、テレビでも初めて生中継したこともあって、わが国のゴルフ人口はカナダカップ後一年で二〇万人から四〇万人へと倍増している。

同じく久保田誠一(二〇一四)によると、わが国で初めてゴルフ場が誕生したのは一九〇三年(明治三六年)であるとしているから、葉山国際カンツリー倶楽部が発足したのは、これに遅れること六〇年になる。これは、明治時代から最新文化を積極的に取り入れていった葉山にしてはかなり遅い感じはする。しかし、明治、大正時代にゴルフを楽しむ人は、ほとんどハイソサイアティに属する人たちであり、葉山に滞在するこれらの人たちだけでは採算が合わなかったものと思われる。

第一次ゴルフブームは一九六四年に終わるが、この年は東京オリンピックの年であり、日本の経済も成長期に入っている。それとともにゴルフの大衆化が進み東京、横浜をはじめとして葉山近郊の人たちもゴルフを嗜む人が増加している。そのため、このゴルフ場を開発するにあたって、顧客のターゲットを東京山の手に求めている。それは、最もゴルフ人口が多いためと交通の便がよくなったことによるが、また、東京山の手の顧客が確保できれば横浜を中心とした葉山近郊の客も確保できると予測したものである*7。

しかし、開業当初は葉山の別荘滞在者、葉山町やその近郊である逗子、鎌倉、横須賀在住の有力者等が中心となってゴルフを楽しんでいた。すなわち、ゴルフ場からさほど遠くないハイソサイアティの人たち

葉山のゴルフ場

が主な顧客となっていたのである。その後、このゴルフ場の景観の素晴らしさが社会に知られるようになると、当初の目標であった東京山の手のみならず、東京全体からも来訪者を得ることになった*8。

一九七〇年代以降の、わが国におけるモータリゼーションの進展と、三浦半島の交通網の整備によって、このゴルフ場は来客数を伸ばしている。位置的に、ゴルフ人口の多い東京、横浜の首都圏を近くにもち、横浜・横須賀有料道路のインターから近いところにあることが追い風となっている。さらに、湘南地区ないし三浦半島へのドライブや観光とセットされる複合的な形でゴルフプレーヤが増加したことと関係している。また、モータリゼーション進展の結果である宅急便によって、最近ではゴルフ道具も自宅からの持ち運びが不要になった。これもゴルフを、より気楽に楽しめる要因になり、ゴルフ人口を増加させる一因となっている。

それゆえ、このゴルフ場は、葉山の歴史の中ではそれほど古いコンテンツではないが、町のシンボルになっていることの意義は深い。

(2) 葉山を訪れるゴルフ愛好家

このゴルフ場が葉山のシンボルになるためには来客が多いことの他に、有名人の来訪も必要になる。それは、その情報が社会へ発信されることでゴルフ場自身が発展するとともに地域シンボルとしての強みが増していくからである。現在の理事長は井上博之*9だが、名誉顧問に元総理大臣の小泉純一郎を据えている。同氏は葉山在住ではないが、隣接する横須賀市の住民である。

どこまでを有名人、有力者というのかは明らかではないが、神奈川県知事の黒岩祐治、横須賀市長の吉田雄人、三浦市長の吉田英男、葉山町長の山梨崇仁などの首長が頻度は別としてプレーされている。また、作家で元東京都知事の石原慎太郎もその名が記されているが、環境大臣であった石原伸晃は社会人になった直後、この倶楽部の会員になっている。石原慎太郎は、葉山在住ではないがプロローグで既述したように、小説『太陽の季節』で葉山とは縁が深い。

この小説は、当時のセレブ家族の青年達について書かれているが、後に弟の石原裕次郎が主役となった映画でも有名になっている。石原裕次郎がヨットを好み、葉山海岸で過ごしたことについては第四章で詳述する。また、石原伸晃（二〇一四）は幼い時からよく父の石原慎太郎にゴルフ場へ連れて行かれ、ゴルフの手ほどきを受けたと述べている。

その際、ゴルフのプレーのみならず、アップダウンの多いコースは子供にとって登山のような辛い体験であったと記されている。さらに、雪の日には親子でゴルフプレーそっちのけで雪合戦に興じたことも述べている。やがて、社会人になってからは頻繁にプレーを行うようになり、腕を上げていったが、政治家になってからは年二〜三回のペースに落としている。伸晃は葉山で生まれ育っているうえ、家も葉山に持っているので、この地とは縁が深い。いずれにしても、石原家とこのゴルフ場は縁があり、葉山のシンボルのために貢献しているといえよう。その他にも過去からの著名な来訪者を既述すると、三笠宮崇仁殿下、政治家であり実業家である團伊能、政治家の石井光次郎等が名を連ねているが、いずれも別荘を葉山に持つ縁の深い方達である。

最近、特徴的なことは外国人客が増えてきていることである。横須賀にアメリカ海軍の軍港があることからはじめは上級将校が訪れていたが、年を経る毎に東京や横浜等から多くの外国人が訪れるようになっている。それだけ、わが国のグローバル化が進んだのであろうし、わが国でこのゴルフ場の名が広まった結果でもあろう。そのため、現在では外国人プレーヤへの対応に英会話のできるスタッフを常時配置している。

そして、近年の一般的傾向として女性会員の増加も顕著になっている。このため、ゴルフ場側も女性へ多くの配慮をするようになっている。例えば女性用の風呂、トイレの改修等設備はきれいかつ清潔に保持するようになった。このゴルフ場でも上記傾向に対応し、特にクラブハウスでは女性グループが食事を楽しめ、くつろげるような環境整備を進めている。

このように、現在の利用者数は男女の差がなくなるとともに、将来は外国人の来場者も更に多くなろう。これらの対応の為、ゴルフ場側としてはハードウェアとしての環境整備の改善以外に人のサービスというソフトウェア、つまりハード、ソフトを絡めて顧客満足度を高める努力がなされてきた。このような様々な努力の積み重ねから街のシンボルの一つに成り得たと言えよう。

（3）ゴルフグループ

葉山国際カンツリー倶楽部には、オープン時から地元をはじめとして逗子、鎌倉、横須賀等の有力者や著名人が多く入会されている。したがって、当初からメンバーの平均年齢は高く、現在ではメンバーの平均年齢は七〇歳を超えている。このゴルフ場のクラブライフは公式競技を除くと数十のプライベートコンぺやグループコンペが作られ、活発に開催されている。これらのコンペで代表的なものを挙げると左記のようになる。

名称	メンバー	発足からの回数
葉山会	男女	二〇〇回 葉山在住、正会員
逗葉会	男女	一五〇回 逗子、葉山在住、正会員
若葉会	女性	五〇〇回 女性会員

その他に、逗葉慶応三田会、逗葉稲門会、さくら会、JAL会等が名を揃えている。これらのコンペは大学、高校、職業、地域毎に構成されている。どこのゴルフ場も同様であろうが、このゴルフ場も近隣地域の会員と密接な関連を保つためにコンペを開催している。この表でみられるように、活発なコンペは年三〜一〇回の開催が続けられている。この回数からみた場合、ゴルフ場と会員が密接に関連を保っていることが理解されよう。

このなかで特筆されるのは、若葉会の中心メンバーである葉山で長く内科医を開業されている医師である。この医師は、若葉会発足からのメンバーであり、現在八五歳のご高齢にも関わらず年間一〇〇回のプレーをこなしており、ホールインワンも数回経験している。このことは、個人差のあることを考慮してもゴルフが健康によいことを示している例であろう*10。

それらのことを考慮して、葉山町長の山梨崇仁（二〇一四）は、ゴルフが精神力のスポーツであることから、青少年の心身の健全育成に役立つ事を期待している。そして、このゴルフ場と葉山町との関連について、一九九二年に葉山町ゴルフ協会が設立され老若男女を問わず多くの町民が利用していることを認めている。特に、このゴルフ場がジュニアゴルファーの育成に力を入れている点について、町長は葉山の子供にとって有意義であることを評価している。

このように多くの町民がゴルフ場を利用することは、二つの点で葉山のブランディングに役立っていると思われる。一つは、ゴルフが町民の生活の中に溶け込むことによって旅感覚での生活を実感できることである。マリンスポーツがその役割を担っていることは後述するが、ゴルフも葉山町民にとって気楽に楽しめるスポーツとなっているのである。前述したように、葉山の高齢化は全国平均より進んでいる。それだけ、仕事をリタイアされて時間に余裕のある人も多い。そのような人たちにとって、町長も期待しているように生涯スポーツとしてゴルフが身近にあることは幸いであり、葉山の大きなコンテンツとなっている。

もう一点は、青少年を含めて葉山町民が、多くの地域外来訪者と知り合える機会をもっていることである。この来訪者の中には、多くの著名人が含まれるうえ、外国人も多くいる。もちろん、直接会話の機会があればそれにこしたことはないが、たとえ、それがかなわなくても同じ空間を共有できたことは人生に影響を与えるものである。特に、感受性の強い青少年にとってはその影響は大きいであろう。また、そのような町で育ったことは彼ら、彼女等の将来に夢を抱かせるであろうし、町への愛着も増していこう。このように、著名人達に感化された町民が多くなれば町の雰囲気を高質化しようから、外部からの移住希望者が増えることも期待できる。

しかし、課題も見受けられる。それは、葉山の他の業種とのコラボレーションの問題である。たとえば、ゴルフを希望する人が宿泊もしたい場合、あるいはその逆の場合、たがいに連絡を取ることは行っている。

しかし、もう一歩進んで他業種とのコラボレーションによって、融合されたサービスを企画し、提供したいのである。それには、アクターネットワークが不可欠になるが、今後の葉山には必要であろう。また、ウェブの時代に葉山町全体のサイト設計が必要になると思われるが、これについては第六章で検討する。

3．独特な外食形態を育てる町の文化

古代の東海道は藤沢方面から葉山を通り、房総へ抜けていた。そのため、葉山は古くから小規模ながら港町や宿場町として栄えていた。そのため、明治初期には旅籠が二十数軒立ち並んでいたのである。その名残は、現在でも一部の飲食業に引き継がれて存続している。

また、明治時代に西欧文化を身につけた多くの人たちが別荘をこの地に造り、生活するようになると、地元に最新の料理やその材料を要求した。常に最新の文化を取り入れてきたこの町では、その要求に対応するために最大限努力したのである。別荘は、町内広く分散して建てられており、その数は最大時に四〇〇戸を越えていた。ここに滞在する人たちからの要請は決しておろそかにはできなかったと言えよう。

和食は古くから優れた内容のものを提供していたが、西欧の料理については努力しながら東京や横浜のものを追求している。そのため、葉山では自作自販のパン屋や洋菓子店が今でも多い。

さらにその流れで、フランス料理やイタリア料理といったレストランも多くみられる。分散して別荘に生活する人は、家の近くで食事をしたいうえ、現在のように交通の便がよくもなかったので、別荘の近くにそれらのあることを望んだ。その結果として、自然とこれらの店舗は、町内広くに散在する形となったのである。これは、駅前繁華街をもたない葉山では、いまでもその名残を留めており、飲食店は町民と接

する形で散在している。これが、幸いして葉山のゾーンブランディングとなり、今日の姿になったと言えよう。そこで、この節では葉山の古さを根底にしつつ、現在までの要請に対応している三つのコンテンツを検討してみる。それがゆっくり流れる葉山らしい生活を確実にしているシンボルであり、葉山ブランディングの将来戦略を考える上で役立つからである。

(1) 伝統を保つ和菓子店

一九〇九年(明治四二年)に創業された和菓子屋に「永楽家」がある。したがって、創業されてから今日まで一世紀以上経っていることになる。その他にも、和菓子屋として明治時代から開業されていた店は数軒あった。もちろん、明治以前から葉山は宿場町と港町として栄えていたとはいえ、鎌倉のように大きな町であったわけではなかったので和菓子屋の数も数軒で充分であったのであろう。

しかし、この約一〇〇年の間に、わが国の生活は西洋化したことは言を待たない。そのなかで、食生活も例外でなく西洋化が進んでいる。この流れは、和菓子の需要を減らし、ケーキ等洋菓子の需要を増していったのである。このため、葉山でも次第に和菓子屋は姿を消し、今日まで操業を続けているのは「永楽家」の他三店舗となっている*11。もちろん、その間にいくつかの和菓子屋が開店し、また閉店しているが、「永楽家」以外で今日営業している店は皆、昭和に入ってからの創業である。

このなかで、「永楽家」が今日まで生きながらえているのは、和菓子製造のスキルの蓄積であり、顧客環境の変化に対する対応力であったろう。すなわち、顧客が満足する旬の味と、見た目の美しさは必須の条件であり、老舗の基本的条件であろう。また、人気菓子の評価に惑わされず、生産規模を拡大しなかった堅実経営も存続の要因となっている。現在でも、店舗と生産現場は明治の創業時と原則的に変わっていない。そして、生産は店主一人で行っており、匠の技を生かしているのである。

このような古びた店舗は、葉山の落ち着いた伝統文化を表現しており、葉山ブランドの一コンテンツとして来訪者の注目を浴びている。さいわい、子息が跡を継いでおり、親子で生産に励んでいる。ただし、前述のように生産量が限定されていることから自らの店舗販売で事足りている。それどころか、人気ある製品は注文してから数ヶ月待たされるものも出てくるが、味と品質の保持を重視して生産増は行っていない。

なぜこの店が今日まで町の老舗として継続しているのかを検討すると、上記の匠生産、堅実経営の他に市場対応が挙げられる。すなわち、時代とともに同じ和菓子でも顧客の要求する味は変化する。また、和菓子にもリニューアルが必要なのである。さらに、伝統的な普遍の製品と新製品の混合も必要になる。「永楽家」では、伝統的な「あわびせんべい」があるが、これは一枚ずつ手焼きするものである。その反面、顧客の要望に対応して作成した「あわび最中」や季節によって変化する「よもぎ大福」も生産している＊12。

もちろん、葉山以外からの訪問者が土産品として買っていくものもあるが、多くは住民による売り上げとなっている。すなわち、売り上げ比率は圧倒的に住民によるものが多いのである。したがって、ほとんど地産地消となるのでブランド戦略が目指す地産他消には貢献していない。しかし、この伝統を保持しながら時代に合わせていく流儀は葉山ブランドにとっての基本であろう。それ故に、この店は外部からの利益獲得はともかく、ゆったりした葉山的生活に欠かせないコンテンツと捉えている。

（２）伝統と近代化の懐石料理

既述のように葉山は、明治時代以前は陸海の要衝であったが、特に鐙摺港のある堀内地区は港町であり宿場町として栄えていた。そして、明治以降になると鉄道が逗子まで開通し多くの別荘客や海水浴客で賑わってくる。そして、一九八五年（昭和六〇年）代以降は、鉄道を利用する時代から自動車を利用する時代へと変遷し、来訪者も多様化する。これらの時代変遷にうまく対応しながら葉山ブランドの一角を占めているのが「日影茶屋」である。したがって、この店の歴史をみると葉山のブランディング過程が見えてくる。

明治時代以前、堀内地区は陸路と海路によって葉山に入ってきた旅人達のよき休憩地であった。そこは多くの旅籠が立ち並び宿場としての機能を果たしていたが、少なくとも三〇〇年前にはその一つとして「葉山茶屋」があったと新編相模風土記に記されている。これが現在の「日影茶屋」のことである。この旅籠は、高級客を相手にしていたため最高の味とサービスを提供していたといわれている。今流に表現すれば、葉山のシンボルを志していたのであり*13、その後の時代対応に繋がってくる。

やがて、時代が変わり明治時代以降になると、来訪者の質が大きく異なってくる。交通機関が発達したため、陸路は現在の東海道が主流になり、海路も葉山から離れていった。しかし、幸いなことに御用邸が建設されると、皇室とその関係者、その他の著名人が競って葉山に別荘を建て出したのである。この人たちは葉山にかつてなかった新たな東京文化や西欧文化を持ち込んだのである。それが海水浴であり、ヨット等のマリンスポーツであり、洋食等であった。

それに加えて、観光客や病気療養の客も温暖で風光明媚な葉山を訪れるようになる。そして、これらの来訪者の多くが、葉山の旅館を利用していた。現在のリゾートホテルの先駆けといえよう。このなかにあって、「日影茶屋」は海水浴客を中心に発展していくが*14、一方で料理客のために懐石料理の質も高めるよう努力している。

このため、多くの名士といわれる人たちが「日影茶屋」に逗留するようになり、この旅館の名を広めている。作家では、川上眉山、久米正雄、松岡譲等がこの旅館を舞台にした作品を残している。それら作品のなかで、旅館や周囲の情景が描かれているが、夏目漱石の逗留していた部屋は現在でも残している。

日影茶屋

このような状況は第二次大戦後まで続くが、日本が高度成長期に入り、鉄道のスピードアップが図られるとともにモータリゼーションが盛んになり、葉山での宿泊客は激減する。すなわち、観光客はより遠方の地に移るとともに、海水浴客も日帰り客が主流になってきたのである。このため、かつて二〇軒を越えていた旅館も減少し、次第に店を閉めていった。このような流れの中で、「日影茶屋」も一九六〇年代に旅館営業を終了し、専門の懐石料理屋としてスタートしている。

そして現在では、かつての旅館を思わせる建物は葉山に残っていないが、「日影茶屋」のみは原型を留めている。すなわち、他の旅館と同様、宿泊機能は廃止しているものの、建物はその当時のものを活用しているのである。伝統の上に蓄えてきた懐石料理の味は今に伝えられ、高級料理屋として当地のシンボルになっている。豊かな自然が広がる庭園を眺めながらの数少ない懐石料理屋として、再出発したことは成功した証と言えよう。

そのため、この料亭ではさまざまな取り組みが実施されている。例えば、失われつつある日本文化を守り続けようと、五節句、夏祭り、餅つき等の催しを続けているのである。これには、広い敷地と伝統的な日本家屋や庭園内の離れ家等が欠かせない資源となっている。それが社会に広まり、東京等からの来客が増加している。すなわち、豊かな自然が広がる庭園を眺めながらの数少ない懐石料理屋としての再出発は成功したのである。

その後も時代環境は幾度か変化を続けており、経済の盛衰を繰り返した。そのなかで、食に関する環境変化も激しいものがあった。この環境変化とは、食生活の西欧化、多様化、それにともなう味覚の変化等である。特に、顧客のファストフード指向が進む一方、高級化指向も同時に進んでいた。それに対応させて「日影茶屋」は、左記のような経営戦略を策定するとともに実施している。

・懐石料理を堅持する
・洋菓子部門を新設する（一九七二年）
・フレンチレストランを新設する（一九七七年）
・和菓子部門を事業化する（一九九三年）
・高級弁当部門を拡充する（一九九九年）

いずれのものも従来のブランドに値する味と品質を求めている。すなわち、高級指向を目指す顧客にターゲットを置いたのである。特に、フレンチについては新たな分野への展開であることから、シェフはわが国でも指折りの人材を配した。このレストランは、ロケーションにも気を配り海に面した最適地を求めている。これによって成功を収めたが、瀬戸内寂聴（一九九一）が述べるように里見弴ら多くの著名人に愛され今日に至っている。

和菓子事業は、この地域として新しいブランドを目指したものであるが、葉山以外へ出店し地産他消を実現するなど地域ブランディングとして成功している。製品は工夫と開発に努力しており、一例として「日影大福」はヒット商品として有名になっている。この料亭には以上のようにいくつかのコンテンツをもっているが、個々の内容を吟味するとともに、「日影茶屋」全体が葉山ブランディングに寄与していることを評価したい。

（3）山間に散らばる蕎麦屋*15

葉山の飲食店は町内に点在しているのが一つの特徴になる。このなかには、一杯飲み屋をはじめとして、海鮮料理、懐石料理、蕎麦屋、第三章で紹介する「海狼」をはじめとした中華料理、フレンチ料理、イタリアン料理等があり多彩である。ただし、これらが一カ所に集中していないため、ネオン輝く繁華街は存在しない。それ故に、どちらかというとどの店も隠れ家的な雰囲気を醸し出している。

特に、蕎麦屋はこの狭い町内に約一〇軒が営業しているが、その佇まいはひっそりとしており、ゆっくりした日常を過ごす葉山のコンテンツにふさわしい。その軒数は、開店と閉店が繰り返されるので、正確には把握しづらい。とかく、立ち食い蕎麦屋に代表されるように、都会の蕎麦屋はファストフード店かそれに近いものが多い。それに比べて葉山の蕎麦屋は味を楽しむことや、風景や店の雰囲気を楽しむことが主となるので腰を落ち着けてゆっくり過ごすことが特徴となる。もともと鉄道駅がなく、各別荘から不便なく利用できるよう配慮したためこのような形態になっていったものであろう。

たとえば「和か菜」は山間にあるうえ、この地区には珍しく残っている棚田を眺められるロケーションに建てられている。これは、明らかに山の眺望を楽しみながらの食事を意識している。また、森戸海岸近くの町中にある「蕎麦恵士」は古民家を活用した店であり、まさに隠れ家的な雰囲気をコンセプトにしている。その他の店も、葉山的な生活にマッチするようにデザインされている。

もともと葉山は、外部からのアクセスがよくなかった。しかし、近年のモータリゼーションは、鉄道に頼らないことから生活圏を拡大しているので葉山町にとっては追い風になっていると言えよう。東京や横浜等の都会から葉山を訪れるのも、自家用車を利用すれば凡そ一時間以内で可能になっている。また、住民も自家用車を使えば手軽に町内を移動できる。

したがって、店が町内に点在していてもオリジナリティがあり、顧客から評価されれば集客はそれほど困難ではない。たとえば、「和か菜」は山間である故、近所の人を除けば徒歩で出向くには無理でなくても苦労する。すなわち、自動車での来店を前提として営業しているのである。そのため、広い駐車場を確保している。このように、広い駐車場をもち、ゆっくり過ごす顧客が前提になると顧客の回転率は悪くなる。そのため、ファストフード風の安価で回転率を上げるような経営は成り立たないのである。

そのため、どの蕎麦屋もそれなりの価格設定になっているが、それでもゆっくりした葉山ムードで食事をすることが集客に繋がっているのである。ここでは、葉山的ムードの特徴が強い蕎麦屋を例示したが、他の飲食店も同様な傾向をもつ。このような町に点在する店についても、最近はその種の雑誌やウェブサイトから顧客は情報を適確に把握している場合が多い。また、遠方から葉山にきた場合でも、スマートフォン等の情報端末から容易に情報は把握可能となっている。言い換えると、来訪者が目的地を次々と選びながら葉山を楽しめる様になってきたのである。

したがって、店が点在していても、それが繁華街に集客の面で劣るとは限らなくなっている。葉山であれば、それよりも店の特徴、食の品質、ロケーション、駐車場といった面が重要になってくる。もちろん、駐車場は所有していればそれにこしたことはないが、近くの駐車場が提示できれば解決しよう。それよりも、ドライバーが容易に店を見つけられることの方が重要であろう。一度通過してしまった店を再度探す確率は低くなるからである。これらは個々の店舗でもある程度対応は可能であろう。ただし、より効果的な対策のためには、店舗間の協力関係や地域としての取り組みなどが求められるであろう。

おわりに

本章では、「葉山らしさ」の基本となっている高級感覚が御用邸から発していることを検討した。葉山は、両陛下をはじめとして皇室の方々と接することのできる町であり、さらに、多くの政治家、実業家、そして芸術家や学者等々の著名人と日常的に接することのできる町である。長い期間、そのような体験によってゆったりとした高質な葉山スタイルが育まれていったのである。

この生活の中では、ゴルフも楽しめるし後述するマリンスポーツも楽しめる。この両方の環境が葉山には備わっており、スロースタイルには欠かせない。そこで、葉山には町民を主体としたゴルフグループが数多く作られ、活発にプレーを楽しんでいる。それも、仕事の合間にそれほど無理なく楽しめるのである。まして、リタイアされた方達はより多く楽しむことができよう。

この高質な生活にはそれにふさわしい食文化も備わっていなければならない。その一つの例が、三〇〇年以上続いている「日影茶屋」である。この料亭は古いだけでなく、時代の変革期毎に適切な対応を行い現在に至っている。現在は地元のみならず、東京をはじめとした遠方からの来訪者が絶えず訪れている。

その経緯のなかに、これからの葉山ブランドを設計する上での指針が隠されているように思われる。

そして、現在の自動車社会に対応した飲食店が町のあちこちに点在する。狭い町内でも自家用車がなければ手軽に外食を楽しむことはできない。まして、遠方からの来訪者にとって鉄道駅のない葉山は点在している食事処には足を運ぶことは困難である。しかし、この自動車の普及に加えて、カーナビや情報端末からのナビゲーションは事態を大きく変えた。そのため、景色や雰囲気を楽しめる好みの店に足を運べることが容易になったのである。そのケースを蕎麦屋で提示した。

御用邸から生まれた高級感覚、著名人を惹き付けるスポーツ、古くも新しい質の良い食事、これら三つが旅感覚で暮らせる町の形成に良い影響を与えていることを述べた。これらの要素を維持発展させるにはこれまで通り質を高める努力をするのみならず、相互の関係性を考慮に入れる必要が出てくる。ゴルフ場の例で示したように、より充実したサービスを目指すには地元他業種とのより融合された仕組みが必要になろう。また、来訪者の楽しみ方も変わりつつあるため、これに対応した広い視点というものも必要になろう。つまるところ、これからの葉山のブランディングは高質な雰囲気の中でゾーン全体のブランド戦略を立てることに行き着く。

＊1　ジョルダン（www.jorudan.co.jp/norikae/　(2014/12/10 アクセス））によれば東京から伊豆・須坂までは約一六〇キロメートル、那須は約一五〇キロメートルであるのに対して葉山は約五五キロメートルである。

＊2　レナード・デ・マルチイーノは、明治一七年にイタリアの日本駐在公使として来日し約一〇年間滞在した。当公使は、葉山にしばしば滞在したことから住民との交友もあり彼を知る古老もいた。上記は「39 顕彰碑ベルツ博士・マルチイーノ公使（www.hayama-npo.or.jp/hcsm/bunkazai/39.htm（2014/12/10 アクセス））」による。

*3　エルウィン・フォン・ベルツは、日本政府の招聘を受け明治九年に来日し、官立東京医学学校の教員となるが、その後、東京大学医学部で教鞭をとっている。皇室の侍医になったのは東大を退官してからである。明治二二年に葉山村に別荘を建てるが、明治二六年には移り住んでいる。温泉の効用も世間に紹介し、特に群馬県草津温泉の名を高めるのに貢献している。これを縁に葉山町と草津町は姉妹都市となっており、その関係を深めている。明治三八年にドイツへ帰国している。上記は「39 顕彰碑ベルツ博士・マルチイーノ公使（www.hayama-npo.or.jp/hcsm/bunkazai/39.htm（2014/12/10 アクセス））」による。

*4　カナダ生まれの英国宣教師A・Cショーが一八八六年に避暑地として世間に紹介した軽井沢や、英国人宣教師W・ウェストンが登山に最適と紹介した上高地がその後ゾーンデザインに成功している。これは、葉山と同様に、明治期における西欧社会への人々の憧れの結果であろうか。

*5　両陛下は葉山御用邸の前にある一色海岸等を散策されるが、海岸や町中で町民と会話される光景はよくテレビで放映される。

*6　葉山国際カンツリー倶楽部、名誉理事長の片岡秀子（二〇一四）によれば、葉山国際カンツリー倶楽部は葉山の別荘に滞在していた愛知産業㈱の創業者である井上弥三郎が開場を提案し、第一次ゴルフブームであった一九六三年にオープンしたといわれる。現在は、三六ホールのゴルフ場として国内で一〇位以内の入場者を集めている。

*7　一九六〇年代の葉山国際カンツリー倶楽部へのアクセスは概略下記のようであった。

東京から逗子まで横須賀線で六〇分
横浜から逗子まで横須賀線で三〇分
鎌倉から逗子まで横須賀線で五分
逗子から葉山国際カンツリー倶楽部バスで二〇分
横須賀から葉山国際カンツリー倶楽部までバスで一五分

*8　筆者の体験では、このゴルフ場からの眺望は、三浦半島の高台にあるということもあり相模湾と東京湾の二つ

が見渡せる絶景である。また、相模湾の先には伊豆大島や伊豆半島が眺望でき、東京湾側には横浜みなとみらい地区、横浜ランドマーク、さらに遠方には東京スカイツリーが眺められる。

＊9　井上裕之は、提案者の子息に当たる。提案者の娘婿である片岡梧郎が社長として勤めた後、妻の片岡秀子が理事長に就任し、二〇〇五年に井上裕之が理事長になっている。片岡秀子は名誉理事長。

＊10　葉山国際カンツリー倶楽部の推移や全体的な内容については、同倶楽部・大塚成男支配人との二〇一四年六月七日の面談をもとにしている。

＊11　二〇一四年一二月現在、葉山の和菓子屋は永楽家、山城屋、力餅屋、日影茶屋の四件（葉山商工会議所）がある。

＊12　柳新一郎店主（葉山商工会会頭）との面談（二〇一四年七月）による。

＊13　「ひかげ茶屋由来記」、『逗子 道の辺史話』第十二集、一九八二年、一二頁による。

＊14　三角しず（一九九二）『日影茶屋物語』によれば、海水浴のため逗留した家族のうち主人だけは早朝に「日影茶屋」から出勤したという。これは、葉山が東京や横浜の近郊にあるためのメリットであったろう。

＊15　葉山の蕎麦屋については、筆者自らの情報に基づいている。

【参考文献】


葉山町企画課編（一九八四）『ふるさと歳時記（一）』葉山町、九〇〜九五頁。

葉山町企画課（一九八四）『葉山町勢総覧』葉山町、三五頁。

葉山町企画財政部編企画課（一九九〇）『葉山町勢総覧90』葉山町、八〇頁。

片岡秀子（二〇一四）「葉山五〇年を振り返って」葉山国際カンツリー倶楽部編『葉山五〇周年記念誌』七頁。

久保田誠一（二〇一四）「ゴルフコースの五〇年」葉山国際カンツリー倶楽部編『葉山五〇周年記念誌』四七〜四八頁。

石原伸晃（二〇一四）「生まれて初めてのゴルフ場」葉山国際カンツリー倶楽部編『葉山五〇周年記念誌』三頁。

山梨崇仁（二〇一四）「お祝いのことば」葉山国際カンツリー倶楽部編『葉山五〇周年記念誌』六頁。

語り、三角しず　聞き書き、福山棟一（一九九一）『日影茶屋物語』かまくら春秋社、六八頁。

瀬戸内寂聴（一九九一）「日影茶屋としず女覚書」、
語り、三角しず　聞き書き、福山棟一（一九九一）『日影茶屋物語』かまくら春秋社、二三頁。

第三章　全国、さらにグローバル展開を意図する葉山ブランド
―地産地消から他産他消へのブランド戦略―

荒井直彦・鈴木道子

はじめに

地産地消は地域ブランド化の出発点であり、域内経済を活発化するのに役立っている。これは、地域内で生産された産品を同じ地域内で消費することを意味する。これによって、従来地域外へ支出されていた買い物金額を地域内の売り上げに転化するものである。すなわち、これによって従来地域外へ流出していた金額を阻止することになるのである。

その分、地域の経済、財政を豊かにする効果をもつ。ただし、新たな収入が地域外から入ってくることにはならない。さらに、地産地消を実現させるためには、地域外から購入するよりも魅力のあるものを作りだすことが前提となる。

その活動が成功すれば、消費者に認められた産品（コンテンツ）が産出され、やがて地域外の消費者に

受け入れられていくことになる。この段階で産品はブランド化され、その地域は地域外からの収入が見込まれることになる。一般にこの段階では、地産地消より多くの経済効果を得ることになるのであり、これが地産他消への展開である。この展開を進めることによって、地域により多くの収益をもたらすことになるのである。

さらに進化すると、全国規模の地産他消になり、国際的な地産他消に繋がっていくことになる。この段階になると、その地域のブランド化は全国的になり、地域そのものの付加価値が高まっていく。そのためには、地域にふさわしい概念付けと斬新さ、さらに品質が求められてくる。すなわち、その地域での創造や品質がブランドとして付加価値を付けるのであり、材料や素材を地域内に求める必要もなくなってくる。世界的に適した素材を求め、世界的な適所で生産し、その地域ブランドで販売すればよいのである。

葉山町には、このような地域内コンテンツを全国的、さらにグローバル的に展開している産業がいくつかある。そして、それらのコンテンツはさまざまな業種と内容で展開されているが、「葉山」というハイソサエティ感覚でブランディングされていることに特徴がある。葉山では、これらのコンテンツが秋の紅葉のように各種の色彩を織り混ぜて輝いている。

1．葉山が織りなす食のコンテンツ

葉山には地域外の消費者にも人気のある食のコンテンツがいくつかある。それらは葉山の歴史に関連させながら、その時々の環境に合わせるような努力が行われていることに特徴がある。たとえば、風土そのものを再活用したもの、皇室に関する町民感情を表したもの、そして、明治以降さかんに作られた別荘のモダンな生活に対応させたもの、ヨットをはじめとするマリーンレジャーに関連したもの等々多彩である。そのようななかから、葉山の歴史や風土に関連深いコンテンツをいくつか左記に選択してみる。

（1）時代変転に対応した「かぎ家」、「海狼」＊1

古きよき時代への対応

明治の時代に入ると御用邸が建てられ、多くの別荘や旅館が建設され、泊まりの海水浴客がぞくぞくと葉山に押し掛けてくるようになった。また、御用邸では両陛下に従って多くの宮内庁職員が来町するが、ほとんどの職員は近くの旅館に滞在し、陛下のお世話をしていたのである。

たとえば、宮内庁の職員は「かぎ家」や「長者園」、そして第二章で紹介した「日影茶屋」といった旅館に宿泊したが、柳沢光二（二〇一四）によると近衛兵や憲兵たちは駐兵舎を建ててそこに宿泊している。駐兵舎を建てたということは、それだけ近衛兵や憲兵が多く、さらに警察官も加わり葉山の治安は極めて良かったようだ。しかも、町民と彼らは自然のうちに調和していたらしい。

そのようななか、横浜の馬車道で炭屋を開業していた山本家が一八九四年（明治二七年）に葉山森戸海岸に割烹旅館を開業している。これは、御用邸の誕生と軌を一にしている。当初の名前は「鍵屋」または「かぎや」と称していたが後に割烹旅館「かぎ家」で通るようになっている。この旅館は森戸橋の袂にあった後藤新平邸跡に建てられたもので、平屋建てで瀟洒なものであった。部屋前には森戸海岸が広がり、その沖に相模湾が、そしてさらに富士山が望見できるという、その景色はまさに絶景であった。

また、料理には特に気を使い、新鮮な素材と調理人を用意したことから味の評判は高まっていった。このため「かぎ家」は天皇家が来られる時はお出しする料理の下準備から調理までを任されるまでになっている。それに合せて「かぎ家」は御用邸前に出張所を設けて対応しているが、もちろん、侍従やその他の関係者にも料理は必要であり、その対応も任されていた。そして、これらの関係者の多くは「かぎ家」に宿泊している。また、この旅館は天皇家が帰京された後、次の行幸までの間、御用邸の鍵を預かるという異例の責任を託されている。これが、この旅館の名前になったと伝えられている。

その後も、皇室関係者や政財界の著名人たちの宿泊が続き、さらにその数が増加したことから、二階建ての大きな旅館に発展している。宿泊した著名人のなかには、勝海舟や福沢諭吉等がおり、この旅館の評判の高さを示している。しかし、一九一七年（大正六年）に関東地方を襲った台風の大波で旅館の建物が崩壊している。この大波は、森戸海岸に築かれてあった防壁や森戸橋、さらに海岸近くにあった多くの別荘をも流す大規模なものであった。

その後、「かぎ家」も森戸海岸とともに改修され再び営業を始めているが、相変わらずハイソサエティの海水浴や保養に人気は衰えず、再び隆盛を取り戻している。とくに「かぎ家」は日本的旅館の再興に留まらず、森戸橋のたもとに二階建ての洋館を建ててそのモダンさを誇示するなどの工夫を凝らしている。このような、開業以来の優雅なサービスの提供は第二次世界大戦後まで続く。この間は、皇室や各界の著名人を中心にハイソサエティの人たちを集め、その人たちの満足を得られるよう、建物、庭園、そして最高の料理とサービスを追求するのが「かぎ家」の戦略であった。この時代が「かぎ家」繁栄の第一期であったと言えよう。

第一期の「かぎ家」を偲んで高崎正風*2 の歌を掲げておく。

わがやどは
　相模の海を池として
　　富士大島を　庭のつき山
長者ヶ崎の夕照富嶽に対し
　打鯖の晴嵐松を吹いて　清らかなり

太陽族時代への対応

第二次世界大戦後は、社会が大きく変化したが、海水浴の大衆化などによって、葉山は再び保養地、リゾート地としての活気を取り戻す。この間は一九六〇年代から一九七〇年代にかけて、多くの別邸や別荘が企業の保養所に変化するとともに、日本経済発展にともなって葉山の海には海水浴客が押し寄せていた。このころには、鉄道の便がよくなったこともあって東京、横浜等からの客は泊まりがけで葉山に逗留するのが一般的であり、保養所のみならず旅館にも長期滞在者が多かった。このため、民家では夏季になると母屋を海水浴客に貸し、食事を提供するインスタント民宿が流行した。現金収入の乏しい多くの家庭にとってインスタント民宿は大きな収入源でもあった。一方で、こうしなければ宿泊を希望する葉山来訪者に対応できなかったのである。このような状況から、海岸にテントを張り、キャンプする若者が流行っていく。当然、そこでは飲食がともない、風紀が乱れることから葉山では一九六四年（昭和三九年）に海岸でのキャンプを禁止している。この期間が、葉山にとって一番賑わった時期であり、旅館や商店は夏の期間で売り上げの多くが得られていたと言われている。

筆者の経験談ではあるが、海水浴を終えた観光客が、海の家でシャワーを使う午後になると、一般家庭では水道の水が出なくなり、生活に大きな支障をきたしたことを記憶している。また、余談ではあるが、山手地域の住民の生活必需品等、主要な買い物場所はこの海岸近辺であり、地産地消が図られていた。そこで賄いきれない農具や漁具などは、夏の終わりに、町内4か所の神社境内で催される祭りの出店で買い求めたが、そこには関東地方はもとより、より遠方から来訪した商人が、木工製品や竹細工、箒や鎌等の金物類の商いをしていた。かの地の人に対しては、まさに地産他消の形であったろうと思い起こされる。

ただし、この時期に葉山を訪れた海水浴客のなかには戦後の富裕層が多く混じっている。なかでも、某有名学校の遊び仲間が葉山の海で青春を謳歌していたことは石原慎太郎著の「太陽の季節」や「狂った果実」*3で知られている。この舞台になり、彼らのたまり場になっていたのが「かぎ家」であった。すなわち、この有名学校の、あるグループに関する生活を石原慎太郎が小説化したわけであるが、主人公のモデルとなったのが「かぎ家」の息子（山本淳正）であり、この人は後に「かぎ家」の社長になる。このグループのなかには石原裕次郎や有名警備会社の社長になった人等がいたが、とくに「かぎ家」の山本淳正は同期の石原裕次郎とは気が合い、終生その仲は変わらなかった。

このグループの集まり場所は、もちろん「かぎ家」であったが、青春を発散する青年たちの姿を石原慎太郎が「太陽の季節」として書き上げたところ、高く評価され芥川賞の受賞となっている。この小説は映画化もされて、話題となったがこの主人公は石原裕次郎であった。その後の、石原裕次郎の葉山に対する貢献は大きく、森戸大明神の海際に記念碑が建てられている。また、その沖合にある灯台を「裕次郎灯台」とよんで今に至っている。

その翌年、石原慎太郎は同じグループを題材にして「狂った果実」を書き上げているが、そのために同氏は「かぎ家」の二階に作品完成まで逗留している。この書籍も当時、話題をさらったが、ここに登場するようなタイプの青年は「太陽族」とよばれていた。太陽族は従来にない若年像を描いたものであり、若者たちの気持ちを掴み大いに共鳴を受けた。

この時代は、会社の保養所や別荘、さらに旅館に大量の海水浴客が宿泊してマリンレジャーを楽しんだ時代であり、葉山のみならず湘南地方は太陽族が押し寄せた時期であった。葉山にとって、この大変忙しい期間は約一五年間続き、戦前とは異なる若い海水浴客や家族連れ客を大量に得た時期であった。また、太陽族が新たな時代の青年層として脚光を浴びたが、葉山では一般家族連れの海水浴客との間で軋轢は少なく、両者が調和を保ってマリンレジャーを楽しんでいたと言えよう。

すなわち、明治期から続いていた葉山的雰囲気は維持されていたので、すべてが若者文化に飲み込まれることはなかったのである。そのため、「かぎ家」には、戦前からの著名人や常連客の来訪は絶えていない。「かぎ家」全体が、ハイソサエティ中心の時代から中産階級中心の時代へ移行されたので、旅館経営もその方向でシフトせざるを得なかった。

ただし、この多忙な時期にも「かぎ家」は料理の質を下げることは許さなかった。そのため、相手がたとえ太陽族の青年であっても著名人であっても同様に良質なサービスを提供していた。これが、この旅館の戦略であったが、やがてこの戦略が花を咲かすことになる。それは、「かぎ家」の高質なサービスはかつての太陽族の心に強く残っており、やがて各界上位で活躍するようになった彼らが「かぎ家」の常連になるのであり、現在でもその来訪が続けられているからである。この約一五年間にも、古くからの各界著名人たちは葉山に傑出して多く残っており、「かぎ家」の客も皇室の方々こそ姿を消されたが、著名人たちの来訪は現在も続いている。この時期が「かぎ家」繁栄の第二期に分類できよう。

モータリゼーションへの対応

第二章でも述べたように、日本の経済が強くなるにしたがって鉄道の高速化が行われるとともに、モータリゼーションが進み、観光客はより遠方へ出かけるようになっていった。この傾向は葉山から宿泊客を減少させることになった。それによって、海水浴を含めたマリンレジャーは日帰りの客によって占められるようになったのである。この変化は葉山の宿泊施設に大きな打撃を与え、海水浴旅館と言われた施設はほとんど姿を消している。

第二章で紹介した老舗「日影茶屋」もその例であるが、「かぎ家」も一九七三年（昭和四八年）に次期戦略を考え始め、一九七八年（昭和五三年）に閉鎖した。

この間に、葉山の森戸にあった「よろ津旅館」や長者ヶ崎にあった「長者園」等の有名旅館も閉鎖されている。「かぎ家」はその跡地にリゾートマンションを建て、その二階に中華料理店「海狼」を開店させている。ちなみに、一階は駐車場にしているが、これはモータリゼーションへの対応であった。これからの葉山は自家用車による観光客が多くなるとともに、バスによる逗子や横須賀からの日帰り客が多くなると見込んだのである。明治の「かぎ家」時代から変わらぬ景観のよさを保ちつつ、来客には味と高質のサービスをゆっくり楽しんでもらうことが戦略であったのである。

その後、バブル景気の崩壊で企業所有の保養所の多くが手放されるとともに、古くからの別荘もさらに姿を消していく。この跡地の多くは集合住宅や戸建住宅に姿を変えている。二〇〇八年（平成二〇年）のリーマンショック以降もこの傾向が続いているため、葉山の景観も徐々に変化していることは否めない。

そのため、新たな住民と新住民二代目たちの比較的若い世代が増え、朝夕のバスは通勤、通学客が目立っている。それだけ、昼間人口は減少していることになり、エピローグでも指摘しているように一つの課題になっている。

もう一つの課題は町民の高齢化である。それは、定年を過ぎて葉山に在住している人たちであり、経済的にはあまり困っている人たちではない。これらの人たちの多くは、親の代から育っているため、家も親から相続しているからである。ただし、相続税の負担が大きいことから分割処分し、自らはその一角に住む人も多くなっている。そのため、庭付きの大きな屋敷が数軒の家屋に変貌しつつある。その分、混み入った街並みになるため葉山の景観を害する心配が起きている。これなどは、町の行政がよほどうまくグランドデザインしないと、葉山らしさをも失いかねないことになろう。

「海狼」はスペイン語でロボデマールといい「年老いた海の男」を意味するものである。先代の社長がスペイン滞在中にこの言葉を気に入ったことから店の名前にしている。本心はスペイン料理店にしたかったらしいが、一九七八年当時ではまだ葉山に馴染まないことから中華料理にしている。開設するにあたり、来客に心の安らぎを与えることをコンセプトに据えている。「かぎ家」を訪れた明治以降のかつてのハイソサエティたちが窓から広がる雄大な大洋と富士山を眺めながら、国家論議を交わしたり、疲れた心身をワインで癒したりした場を現代に提供したかったのである。

そのため、店内はすべての席がオーシャンビューとなっており、窓はできる限り大きく作られている。ここから見下ろす眺望を最大限来客に楽しんでもらい、それだけでも来客に感動してもらいたいため窓の底辺はテーブルより低く設定されている。室内は、北京の宮廷を思わせる作りとなっており、そこで提供される料理は北京料理が基本となっている。しかし、それに留まらず来客の健康を考慮して、薬膳エッセンスを融合した上海料理や四川料理も取り入れている。すなわち、「医食同源」をテーマに顧客満足を得るためオリジナルな料理を求め続けているのである。

素材は、幸いこの近辺に新鮮な魚介類や野菜等が豊富なことから地元のものを中心に使用している。もちろん、「葉山牛」は各種の料理に使用しているが、ここでも、野菜や魚介類もなるべく地元のものを使用している。ここでも、明治時代からの伝統である顧客からの要請にできる限り対応していく姿勢が貫かれているが、この結果として多くの常連客や観光客を得ているのである。

平日は地元の人が多く訪れているが、週末や休日になると外からの観光客が多くを占めている。地元の人でも自家用車を利用して来店する場合が多いし、ましてや遠方からの来客は老若男女を問わず、ほとんどが自家用車

「海狼」(「海狼」提供)

を使用している。この点、一階をすべて駐車場にしたことは先見の明があったと言えよう。週末や休日を中心に多くの外部客が訪れるこの店では、地元の素材を中心とした料理を食べてもらっているので、地域デザインで欠かせない地産地消と地産他消が実現しているのである。このモータリゼーションに対応した現在の「海狼」がその繁栄第三期に分類されよう。

(2) 牛乳の生産から始まる歴史的な葉山牛*4

葉山の畜産は、御用邸をはじめとした別荘の造営と無関係ではない。風光明媚で温暖な場所であったこ

とから、皇室を中心に高級別荘地としてのイメージが定着した。現実に、明治から大正期にかけて皇族、政治家、軍人、実業家等の別荘が建てられ、この地に高質な文化が形づくられている。

そのなかで、別荘に滞在する人たちは、当然のことながら東京等の生活と同質のものをこの地に求めることになる。食事にしても東京でいつも食べているものと同じものを地域に要求した。その一つに、牛乳の要求があった。しかし、当時の葉山では住民が牛乳など飲んでいなかった。そのため、直ちに対応することはできなかったが、やがて地元の農家が乳牛を飼育し対応できるようになっている。

前掲の柳沢光二（二〇一四）によれば、葉山一色の「鈴八商店」が井上毅子爵から牛乳の効能を聞き、その販売をはじめたとしている。この商店は化粧品をはじめ和洋書、雑貨等の販売を行っていたが、さらに牛舎を建てて牛乳の生産、販売をはじめたのである。得意先は別荘が主であったが、町内の需要もあったといわれている。これも、葉山が高質な文化を取り入れていった例といえよう。

その後、牧場農家は数軒に増えているが、町内では大きな需要はなくその生産量だけで対応できていた。やがて、大規模牛乳メーカの台頭とともに牧場の数は減少し、一九九〇年代には社会的使命を終えて姿を消している。

残った四軒の牧場は、この間にすべて肉用牛の飼育に変わっている。しかも、小規模な牧場であったことから大量の大衆品は生産できず、少量の高級牛肉に特化することでブランド化を決意している。そのため、葉山牛を生産するための標準を作り、その実現に努力したのである。その標準は、概略次のようなものであった。

・決められた飼料を与えること。
・黒毛和牛の未経産雌牛か去勢牛であること。

・一二ヶ月以上同じ牛舎で飼育すること。
・格付協会の等級がＡ５、Ａ４、Ｂ５、Ｂ４であること。

これらから分かるように、その内容は厳しいものであった。そして、このブランド化のために、一九七八年（昭和五三年）に葉山内の牧場（肥育農家五戸）が高級牛肉の実現を目指した会を創設している。地域が狭いこともあって協力関係は円滑に進み、今日の「葉山牛」の成立に貢献している。

この会が力を注いだことは、良質な飼料の作成であった。ブランド化できるような良好な味を確保するためには、血統のよい子牛を手に入れることと、良質な飼料を与えることが基本的条件である。この基本的な飼料作成方法については標準が作られたが、生産牛の味にばらつきが出ない範囲で工夫の余地を残している。そのため、各牧場で切磋琢磨され、現在は消費者に認められる水準の肉にまで高まっている。この飼料作成情報は会を通じて共有化されることで全体のレベルアップに繋がっているが、各牧場での創意工夫は、伝統として今日に受け継がれている。

美味の追求とともに、この会では、消費者に安心と安全を届けるための施策にも力を注いでいる。とくに、牧場内の環境整備には神経を使っており、牛にとって快適である飼育環境を維持、向上させている。

葉山の牧場の一つである石井牧場（石井廣社長）は、先代の石井義房が「葉山牛」提唱者の一人であり、ブランド化を成功に導いた功労者である。創業時から、さまざまな研究と試行錯誤を重ねて今日の「葉山牛」を完成させているが、基本となる素牛の選定には妥協することなく全国を回って選定している。

牛舎の環境は、温度と湿度の管理、床の清潔管理等に特に力を入れている。飼料については標準を守りつつ人間が十分食べられる穀物を炊いた後に発酵させる等の工夫を続けて、よりよい飼料への追求は終わりがない。この牧場では、消費者への安全、安心を確保するために飼育過程の追跡管理（トレーサビリテイ）システムを導入している。ただし、消費者からのクレームや流通・消費段階での問題が起きたことはなく、生産過程が良好に保たれていることを示している。定期的に、床のおが屑等は交換されるが、回収されたものは有機肥料に加工され、近隣の農家に提供されている。これらの功績が総合的に認められ、石井義房は二〇一一年（平成二三年）に公益社団法人・大日本農会から農事功績者の緑白綬有功賞を授与されている。

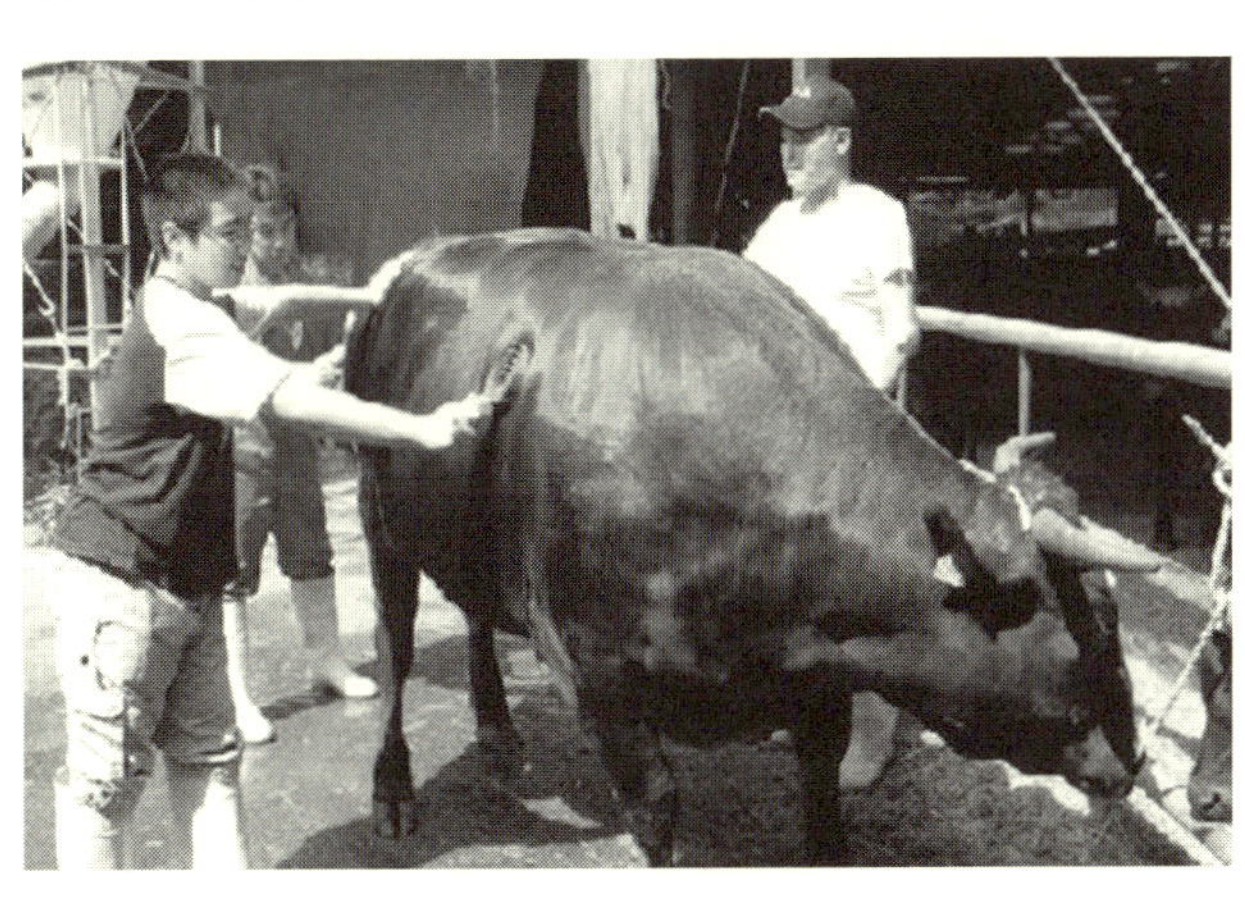

石井牧場（石井牧場提供）

この牧場で飼育されている牛の数は、百頭を少し超える程度であり、石井廣社長夫妻が主となって運営している。そして葉山で飼育されている頭数は全体でも二百頭程度となっている。すなわち、「葉山牛」の特徴は、牛に情熱を燃やす小規模牧場で手間隙掛けて飼育されることであり、これは、高級な牛が少量生産されることに他ならない。そのため、同ランクの他のブランド肉と比べて一五％程度高額になっているが、肉質は脂肪の融点が低く、オレイン酸の数値も適切で、旨みの成分が強く感じられる。この美味しさと稀少価値が「葉山牛」のブランドを有名にしており、消費者の人気は衰えることがない。

（3）葉山の伝統と風土に基づく地酒とワイン*5

葉山町は海と山に恵まれた温暖な地である。年間降雨量は約一〇〇〇ミリメートルあり、森林面積九〇〇ヘクタールを保持している。しかし、古くからあった農地は約一〇ヘクタールで二〇年間に半減している。葉山地区は山から海までの距離が短いため棚田がいくつかある。ただし、その多くは採算の悪さと高齢化のため姿を消しつつある。

この状況を憂い、再活用を考えたのが笠原吉昭であった。東北の農家出身である同氏は、葉山の緑豊かな風景を思い、持続可能で健全な農業生産活動と農村が有する美しい景観保全の活性化を強く感じたのである。酒屋を営む同氏は、葉山ブランドに耐えられる清酒を目的に酒米の生産を決めたのが二〇〇二年（平成一四年）であった。そのため、棚田農家から耕地の協力を受けるなど準備期間があり、米作りに着手したのは二〇〇五年である。現在では、六〇枚ほどの棚田と別に里山の田んぼでも耕地として協力を得ている。また、葉山というブランドに値する清酒を生産するために、左記のような要件を守っている。

・できるかぎりリュット・レゾネ（減農薬）栽培とすること
・自作の酒米を使用すること
・純米吟醸酒とすること

できる限り化学物質の使用を避ける農法を維持しているが、労働生産性の面からは得策ではない。それを承知で選択した理由は、最高の味を引き出すとともに、消費者への安心と安全を確保するためである。そのため、雑草駆除などの水田管理には手間がかかるが、それを承知でほとんど夫婦でこなしている。ただし、最近は、畑仕事を手伝うボランティアの人たちが若年層を中心に現れている。これも、葉山のブランディングに関心のある町民が多い一例であろう。

消費者がブランド酒として認めてくれるためには、その味が決め手となる。ただし、葉山には杜氏がおらず、生産のための設備もない。そのため、高い技術と腕をもつ杜氏がおり、優れた装置のある醸造所を納得いくまで探した結果、県内のある醸造所に委託している。

ただし、笠原夫妻は酒ができるまでのプロセスを理解したいために醸造作業に自ら加わっている。この体験を通して、さらなる改善を醸造所に提案し、味の向上を実現している。この酒は「葉山　田游び」と名付けられブランド品として定着している。この酒瓶のラベルにもこだわり、葉山在住の水墨画家である宇野游に依頼している。

一九五九年（昭和三四年）、当時の皇太子殿下（今上天皇）がご成婚された。皇室と縁の深い葉山町では、それを記念して、夏みかんの苗木を町内に配布している。その後、この苗木が町内各所で成木となり、多くの果実をつけるまでになっている。しかし、配布時には夏みかんの実を何に利用するのかまでは考えていなかったため、多くの果実は収穫されることなく時を過ごす結果となっていた。この活用を考えていた農業協同組合は、町内にこの果実の活用を呼びかけたのがきっかけとなって、いろいろなアイデアが提案されている。そのなかで、葉山のブランド力を高めたいとの意向を日頃から抱いていた笠原吉昭等有志五団体（農業協同組合、葉山町観光協会、山里会、葉山町商工会、笠原氏の所属する酒商組合）が提案したのがワインであった。夏みかんから良質なワインが生産可能なのか、試行錯誤を重ねた結果ようやく成功にこぎ着けたのである。

ただし、清酒と同様、ワインに関する製造設備も生産ノウハウももたないことから、山梨県の有名ワインメーカに生産を委託している。その結果、葉山ブランドに値する味と品質を得たので「ロイヤル葉山夏みかんワイン」のブランド名で販売を開始している。現在、開発以来二〇年以上がたっているが、品種の

葉山ブランド酒（「リカーズかさはら」提供）

改良を続けた結果、苦さと甘味のあるフルーティなワインとして定着している。

さらに、この原料を利用して「葉山夏みかんサイダー」を苦心の末に完成させている。サイダーの決め手は透明な液体を実現することに有る。しかし、夏みかんから作られたサイダーは濁りが強かった。これを透明にするため、またしても試行錯誤が繰りかえされたが、最終的には「ロイヤル葉山夏みかんワイン」を少量添加することで解決している。

ただし、夏みかんを専門に生産している農家があるわけではないので、両製品の生産量は限定されており、町内の酒屋や宿泊所等での販売で完売している。このような状況から、さらに販売量が増加すれば、原料として夏みかんが必要になってこよう。町としても、このための専門農家の増加は歓迎すべきことであろう。そして、この量産によって葉山における地域デザインの目的でもある地産他消へ近づくことになるのである。

また、三浦半島全域でキャベツの生産が盛んである。それは、葉山町でも例外ではない。そこに目を付けた笠原吉昭はネギ焼酎の製作に成功していた滋賀県の焼酎メーカに開発を依頼し、成功している。これも味等の内容に満足できたことから二〇〇四年（平成一六年）より「葉山カヴォロ」の名で販売されている。

ここに挙げた四種類のコンテンツは、いずれも葉山の皇室を敬う文化と風土を活用したものである。そして、現在では需要が供給を上回っている。この現状に対して、絶対に行ってはならないことは、品質を下げて生産量を高めることであろう。葉山のブランド品が顧客に評価されるのはその本質が維持されているためであり、卵が欲しいため親鳥を殺すようなことはあってはならないのである。

2．他産他消を進める葉山ブランド

葉山というブランドを生かして、企画とデザインを行いユニークな製品を全国的に販売している企業がいくつかある。そのなかから発展著しい二社について取り上げてみたい。これらの企業の特徴は、世界的な視野で経営を行っており、素材の仕入れも生産拠点も最適と判断された場所を選定していることである。もちろん、販売は町内でも行っているがそれは一部であり、全国展開された販路での売り上げが主力となっている。すなわち、典型的な他産他消の経営を行っている地場産業である。

（1）葉山で育ったビーチサンダル＊6

はじめに紹介する企業は有限会社「げんべい商店」で、足袋等を作る職人の家内企業からスタートしている。これが、現在ではビーチサンダルを主力に全国規模での販売活動を展開している製造業に発展し、海外展開に取り組むまでになっている。

「げんべい商店」の生い立ち

中島広行（二〇〇七）によると、この店を葉山に構えたのは、今から一四〇年以上前の江戸末期で、創業当初は「相刕屋（そうしゅうや） 源兵衛（げんべえ）」の屋号がついていた。その後、何回かの変遷を経て現在の「げんべい商店」になっている。初代の源兵衛は足袋、手甲、脚絆等を作る職人であり、現在流に言えば製造業を営んでいたのである。この製品は、当時としての一般的な日常用品であったが、脚絆については当時の葉山が街道の要地であったことと無関係ではないと思われる。

明治から大正年間へと時代が変わるとともに、従来の製品である足袋、手甲、脚絆といったものの需要が減少した結果、製造業から小売業へと業態を変えている。この小売業「げんべい商店」はシャツや靴下といった日常の必需品を仕入れ、町内を対象に販売するものであった。この形態は、今世紀まで続くが第二次世界大戦後の物不足時代にサンダルの代用品として生産されたのがビーチサンダルであり、「げんべい商店」でも販売商品の一つとしてこれを扱っている。

オリジナルなビーチサンダル企業

「げんべい商店」がビーチサンダルを扱うようになってから六〇年以上が過ぎている。この一商品であったビーチサンダルを追求し続けているのが中島広行であり、はき心地や耐久性といった基本品質を超えて、企画力によって新たな付加価値を生んでいる。これによって、葉山にとっての新たなブランド品として発展させるとともに、他産他消を実現させている。

ビーチサンダルは、海水浴客が砂浜で使用する目的で作られていた。そのためか、短期使用の使い捨てであり、安価であればよかった。そのため、少品種で大量生産することが一般的な業界方針であったのである。そのような商品として販売していた「げんべい商店」では、他の生活用品の売れ行き不振もあって中島広行が商品戦略を考えた末、ビーチサンダルを中心とするものに行き着いている。目指すビーチサンダルの内容は、左記のようなものであった。

・徹底した多品種化
・短納期化
・良好な履き心地
・可能な限りの安価化

これは、顧客にとって望ましい内容だが、従来の常識からはかけ離れている内容である。確かに、顧客からの「滑り易い」、「足が痛くなる」、「指の間が擦れる」といった苦情には対応しなければならないが、それには解決すべき問題が多くあった。

これらの問題は逐次解決していったが、たとえば素材は天然ゴム*7に限定して柔らかさと履き心地を確保している。これによって、顧客は適度な柔らかさが保てることから着地時の衝撃を和らげ、長く履いても疲労を感じなくなったのである。もう一つに台底の形状がある。つま先から踵までを同じ厚さにするフラット型は材料に無駄がなく、プリントもし易いが履き心地はあまりよくない。それに対して、つま先が低く、踵が高いタイプをテーパー型というが、歩き易く履き心地がよくなる。ただし、材料に無駄が出る点と大量生産に難点がある。この点を考慮しても、顧客満足を重視して「げんべい商店」ではテーパー型を採用している。

また、鼻緒は徹底的に検討して擦れのない形状を作り上げ、これも採用している。さらに、滑り止めとして台に模様が刻まれているが、それを顧客が楽しめる絵柄に代え、困難になるプリントはレーザー使用で解決している。このため、当初から台の色一〇種類、鼻緒の色一〇種類、サイズ一二種類の販売を計画している。これは、多品種を意味し、それだけ大量生産には結びつかないことになる。

従来、夏しか売れないとされていたこの商品を一年中売れるものへとイメージチェンジし、「げんべい商店」は顧客獲得に成功している。それは、顧客要求の多様化に対応したからに他ならない。たとえば、日本が冬でも南方や南半球へ出かける人にとっては履き易い「げんべい商店」の商品は購入対象になったし、気軽に近所を散歩する際に利用する人も購入対象になっている。これだけ需要が多くなり、売り上げ増に繋がっている。もちろんこれだけでは年間の売り上げをカバーするまでには至らない。そこで、後述するように、他企業とのコラボレーションやネット販売等の考慮を重ねてさらなる売り上げ増に繋げたのである。

このような、顧客にあった商品を多品種少量生産させるために、良質な原材料の確保と柔軟に対応してくれる生産者の確保が鍵となる。さいわい、ビーチサンダルに適合する天然ゴムは輸入業者を通してわが国で入手可能であった。問題は工場であるが、これはフィリピンの会社に年一回の発注で対応可能であった。しかし、顧客の要求が多様化してくると欠品が出るようになったことから柔軟な生産に対応してくれる国内企業を探し、発注先を国内に切り替えている。これらの発注先は大企業ではないので、取引が進むとともにいろいろな相談が行われるようになり、より柔軟な製品の実現が可能になっている。これにより、「げんべい商店」のアイデアがより多く実現できるようになったのであり、ビーチサンダル専門店としての地位を確立したと言えよう。

「げんべい商店」のコラボレーション戦略

ユニクロのフリースが売り出され、色の種類の多さに人気を博していた。しかし、その多品種揃えはを立ち上げている。それによって、商品情報の積極的な発信を行うとともにネット販売を開始したのである。ネット販売は一年目に七七八足だったものの五年後の二〇〇六年には一万足を超えている。その後もネット販売による売り上げは右肩上がりに推移し、販売の中心となっている。ネットで購入した顧客のなかには直接来店することを希望する人が少なからずいることが分かった。そのため、アクセス方法とメッセージをウェブサイトに載せるとともに、店でないと買えないビーチサンダルと他のオリジナルグッズを考案し販売することにしている。これも、わざわざ来店してくれる顧客に対する心遣いである。

しかし、ネットによる情報発信はうまく行えば大きな宣伝効果をもたらすが、この店でも例外ではなくいろいろな展開をもたらしている。それは、まさにネットの力を感じさせるものであった。たとえば、新聞や雑誌の取材申し込みがはじまり、従来の紙媒体にこの店の情報が載るようになっている。もちろん無料であるが、それをみた他社の記者が訪れるようになりネットとの相乗効果をあげている。

それよりも、「げんべい商店」にとって効果的だったことはネット情報によって企業とのコラボレーションの話が来たことであった。第一号は、ＮＡＣＫ‐５（埼玉のＦＭ局）からのもので、これは取材に訪れた記者からの紹介であったが、視聴者へのプレゼント用ビーチサンダルであった。これを両社のプレゼンテーションで製作することになったが、発注数は少なく、絵柄は複雑であった。しかし、それだけのデザイン能力があり、かつ少量生産のできる工場を持っていたことから、このプロジェクトは成功している。もし、大量生産、長納期しかできない海外工場としか契約していなかったとしたらこのコラボレーションの話は具体化しなかったのである。

この成功が発端となり、企業とのコラボレーションの引き合いが増加し、全国のデパートでの催事、企

げんべい商店の商品（げんべい商店提供）

業の販促、大量販売店等と取引するようになっている。たとえば、プロ野球の球団やJリーグチーム等の独自製品をデザインし販売している。このような例は全国規模で行われているが、いずれも小ロットであることが理解されよう。大手卸売店からも取引の話はあるが、これは左記の理由から実現を避けている。第一は、大量生産が前提となり全国どこでも「げんべい商店」の品が買えるようになるとオリジナリティが薄まってしまうことへの危惧である。第二は、従来からこのオリジナリティを求めて契約してくれている得意先への配慮である。

また、二〇一〇年（平成二二年）からは、「デザインコンテスト」の名の下に地域との連携企画を開始した。これは連携企業と企画をまとめ、デザイン画を集めて優秀なものを商品化するものである。第一回（二〇一〇年）は中島広行の母校である関東学院大学人間環境学部人間環境デザイン学科とのコラボレーションであったが、現在でも継続して行われている。その内容は、神奈川県内にある参加企業を対象にオリジナルなビーチサンダルをデザインするもので、描かれたデザイン画は「そごう横浜店」に展示され、来場者による投票が行われる。これによって、企業テーマ毎に最優秀賞を決定し、その作品が商品化され「そごう横浜店」で販売されることになる。現在では、関東学院の小学生から大学生までが参加対象となっている。この参加企業として、江ノ電、FMヨコハマ、神奈川新聞、DeNaベイスターズ等、県内の有力企業が名を連ねている*8。

このコンテストタイプのコラボレーションは神奈川県内だけでなく、全国展開をみせている。たとえば、北海道の奥尻島でも北海道南西沖地震から二〇年経った節目に、「島ビーサン」のデザインコンテストを二〇一三年（平成二五年）に行っている。デザイン参加者は奥尻高校の生徒であり、優秀な作品は「札幌丸井三越」に展示、販売されることになっている。このように、ビーチサンダルの最高峰を目指した品質と、小ロットを可能にした工場との契約は多彩な企画を可能にしたが、海外からも注目され始めている。二〇〇七年にはフランスのパリで、さらにイタリアのミラノでも販売されている。現在は中国の上海とアメリカのロサンゼルスに拠点を置くべく計画が進行している。

この企業は、高い企画力とデザイン能力が付加価値を生んでいるのであり、原材料入手は葉山以外から、そして生産も葉山以外で行われ、ほとんどの製品は葉山以外の人に買ってもらっている。さらに、買い手の人は葉山のビーチサンダルというところに価値を見いだしているもので、世界への葉山ブランドとしてさらなる発展を望むものである。

（2）ハイソサエティを求めたグローバルビジネス*10

他にも、高い企画力とデザイン能力を基にしてグローバルビジネスに打って出ている企業が葉山にはある。その一つが「葉山シャツ本店」である。凛とした粋なジャパニーズジェントルマンに適したビジネスドレスシャツをコンセプトに既製品とオーダーメード品を販売している。材料は、イタリアをはじめとする世界中から厳選された綿一〇〇%の生地を使用し、確かな工場の手縫いで仕上げる手法を堅持している。したがって、材料は輸入し、生産は納得いく工場で行い、全国規模で販売するという典型的な他産他消を実施している企業である。しかも、企画やデザインに関しては英国の有名企業と提携しているのである。テューラ・ジャパン株式会社（一九九〇）によれば、この企業の社長（後藤欽也）は九州育ちで横浜に事務所を置く建築・設計会社を経営している。大きなプロジェクトは都市や街の開発計画から、中はホテル、病院や集合住宅などの企画・設計、そして小は家屋などの設計をこの企業の業務範囲としている。

九州出身の後藤欽也にとって、葉山は特別なものと映っていた。それは、御用邸があり両陛下をはじめハイソサエティの人たちが行き交う気品に満ちた、しかも海のある街であったからである。海沿いには大きな屋敷が遠慮がちに建ち、夏には日傘をさした夫人たちが道行き、夜になるとクラッシック音楽が流れるリビングでワインを片手に本を読む。そんな「葉山族」が暮らす街こそ葉山であり、今考えると軽井沢の都会版をイメージしていたという。これこそ、後藤欽也が九州に在住していた頃の葉山のイメージであり、葉山は全国的に強いブランド力を持っていたことが理解されよう。

そんな思いも上京して東京や横浜で仕事に追われるようになるといつしか忘却の彼方へ去っていった。しかし、多忙な生活が二〇年も続くと、やや拝金主義的な考え方がひしめく大都会にあって「もの」や「金」の追求に疲れ、偏った法律に縛られ個人的に窮屈な思いに陥っていた。そんな時に、憧れであった葉山での生活がよみがえり、葉山に安住の地を求めている。すなわち、この地に生まれ育った人たちとは異なり、自らここで生活することを選択したのである。逗子からトンネルをくぐると空気が葉山になることを引っ越し後一〇年経った現在でも感ずるという。すなわち、ゆったりとしたなかに、どこか芯があり、緊張感でないが程よい張りつめた気を時々感じるという。

この設計事務所は、キンロックアンダーソンとの間に建築とデザインの商品化のためのブランディングに関する提携を二〇一二年に結んでいる。キンロックアンダーソンは一四五年の歴史をもつ英国王室ご用達のアパレルメーカであるが、英国に根付く伝統的な文化とデザイン全般に対する造詣が深い。このことから、英国王室ご用達企業として代々仕えることのできた気品と本質的なものを持つ企業であることが理解できる*11。そこで、これらの気質を広く後藤横浜事務所のアーキテクトデザインに生かすことが今回の提携目的であった。

ブランディングに関する打ち合わせが進行する過程で、この企業がもともとアパレルメーカーであったことからシャツに興味のある人々がおり、シャツの話が交わされるようになっていた。また、後藤欽也も自らシャツの愛好家であり、クールビズに違和感をもっていた。そんななかで究極のシャツを作る話となり、シャツ作りの衝動に駆られた結果、事業への決断を行っている。コンセプトは、前述したが外国人より日本人に合うシャツ作りを目指したのである。和服を着こなした日本人はどこの国のどの衣装より控えめではあるが、粋で凛としている。このように、誇りが高く、生き生きとした日本人を作るようなシャツのデザインを意図したのである。

建築設計の業界にいる社長が、このシャツ事業へどのような論理的根拠をもって意思決定したかは曖昧であったが、躊躇なくシャツ業界へ進出を決めている。その決定をもってキンロック社に相談を持ちかけ賛意を得ている。キンロック社としても、日本人用のシャツに興味を持ち、会長から生産に積極的な協力を取り付けている。そこから、シャツ作りのネットワークはさらに広がりをみせ、紆余曲折はあったものの二年近くの歳月を費やして、渾身の一着を完成させている。

ただし、この社長にとってアパレル業界はまったくの素人であり、よいシャツは開発されたものの販売方法をはじめとして事業展開に問題が山積することになる。はじめに、文明開化の地である横浜に一号店を出すべく物件探しをはじめたが、当然、横浜でも歴史観のある馬車道、元町がその中心となっている。

渾身の一着であるシャツを販売する場所であることからかなり出店に拘っている。そのため、場所選定には長期間を要していた。そのような時に、葉山の御用邸前にある老舗「蕎麦屋一色庵」の閉店が社長の目に飛び込んできた。

この瞬間に、若い時から憧れていた葉山に一号店（本店）を置くことが閃き、「蕎麦屋一色庵」家屋をそのままに出店を考えるようになっている。それは、日本人に合うシャツと葉山のイメージとが一致したためである。すなわち、忘れていない日本の心の表現として品格ある葉山がこのシャツの販売拠点として最適と思われたからである。その後、借店舗契約にこぎ着け、二〇一三年七月の開店に至っている。アパレルの専門家たちからは、葉山という都会から離れた場所での出店に批判的であり、売れる場所での出店を勧められていた。しかし、「葉山シャツ本店」は事業の工夫次第で葉山のよさを引き出せると判断している。

その一つがギフト戦略である。これにより、外商による法人向けのギフト商品、社員へのインセンティブ、顧客への贈答等を考えている。注文手順は、ギフトを受け取った消費者が、「葉山シャツ本店」のコンシェルジュと相談しながら、首回りや袖長等の寸法を計り、オーダーシートに記入するものである。その記入内容は「葉山シャツ本店」に電話、ＦＡＸ、メールのいずれかの方法で送付されると、適切なシャツが届くという方法がとられている。

もう一つは、「げんべい商店」同様、ウェブサイトの活用である。ネットでは、全世界的規模で販売が可能になることから、交通の便がよくない葉山店でも充分に売り上げは期待できるのである。しかしながら、ショッピングサイトなどでの量を優先する販売は避け、ウェブサイト上だけでの展開を計画している。しかも、毎月厳選されたクローズアップ商品の数点のみしか販売しないことにしている。

また、ウェブサイトの内容は販売のためのカタログ的なものより、葉山シャツの概念やイメージに重点をおいている。すなわち、「葉山シャツ本店」のシャツへの考え方、作り方、完成品の印象等をうったえることに重点をおいている。これは、この店のシャツが汎用的なものではなく、ターゲットを絞ったものであることを意味している。

このことは、ネット上の顧客が「げんべい商店」での実例のように、親密になると葉山まで来訪してくることにつながろう。「葉山シャツ本店」では、開店前からその状況を想定していた。その場合、遠方からの来店には葉山という場所は極めて魅力のあるものと判断された。「葉山シャツ本店」という名称による商品への付加価値に加え、本店が葉山にあることがさらなる価値を加えるのである。

葉山シャツ本店（葉山シャツ本店提供）

この他の宣伝効果を合わせて「葉山シャツ本店」の魅力を高め続ける一方で、葉山というステータスとともに、当地でしか入手できないという希少価値を合わせて高い商品価値に仕上げている。これらの、葉山ブランドという高質なイメージと希少価値という二重の価値が販売戦略の基本となっている。地の利を頼らない販売は、本質的な商品力を高めざるを得ず、この戦略は高質な商品を開発できる企業にとっては有利なのかもしれない。このため、「葉山シャツ本店」は全国各地に店舗を展開していくスタイルはとらず、門戸は狭くしかし販売は全国規模で行うことにしている。

また、当然のことながら顧客の要望に応え、敏速な対応を図ることも忘れていない。昨今では女性用シャツや、毎夏、猛暑をむかえる状況を考慮して、リネン素材を扱うなど、顧客満足の向上にも余念がない。

おわりに

エピローグでも述べるように、葉山町の町税は九五・一％が個人によるものであり、法人町民税はわずか二・一％にすぎない。もちろん、これは大規模な工業や流通業等の大企業が存在しないことの原因によ る。そして、町民もこのような従来型の産業化を望んではいない。ただし、高齢化の続く町勢からいって、葉山文化に適合した形の産業は発展させねばならない。このような視点から、この章では五つの企業を取り上げた。

はじめの「海狼」は時代の変革に順応しながら、葉山文化を守って経営を続けている飲食業である。モータリゼーションに適合させせつつ古ながらの風景を取り入れた店の眺望は、そこで食事する人たちにかつての偉人たちと同じ感情を抱かせるものである。この情景は、情報社会が進展しても変わらないものであろう。「石井牧場」も、明治以降の「別荘族」によって要請された牛乳を供給するための転業が始まりであった。これが、昭和の時代になって大規模乳産業の発展から太刀打ちできなくなり、食肉牧場へ再転業したものである。この二回の変転を切り抜ける際には大きな努力を強いられたものであったが、それを乗り越えてブランド化に成功しているのである。

「リカーズかさはら」は、地元の素材を活用して日本酒や焼酎を販売している地産他消の企業である。

とくに、「ロイヤル葉山夏みかんワイン」と「葉山夏みかんサイダー」の原料は当時の皇太子殿下（今上天皇）ご成婚祝いに町民へ配布された夏みかんの苗が育ったものである。この製品は町外のワイナリーに生産を委託しているが、顧客の多くは葉山への来訪者に求められている。将来、この製品売り上げが増大すれば原料である夏みかんの需要も大きくなる。そのために夏みかん専業農家が現れてくれれば町の農業発展の一助になろう。いずれにしろ、「石井牧場」と「リカーズかさはら」の製品は地産地消から地産他消へ進展しており、町への貢献を高めている。

「げんべい商店」と「葉山シャツ本店」は原料仕入れも、生産も町外に求めている。この二社ともに、地元ではデザインが中心に行われており、ここに製品の付加価値が求められている。販売は、葉山でも行っているが、主として外部のデパート等の拠点やネットで行われている。とくに、ネットでの販売は成果を上げており、ここで知り合った顧客が実際に葉山へ足を運ぶ例も多くみられる。情報社会でグローバル化に適合した他産他消ビジネスといえるであろう。ここで挙げた二社は、葉山での企画やデザインが価値を生み、その商品を世界的に販売している。そこでは、最高の原料を葉山外から仕入れ、葉山外の工場で生産し、多くが葉山外の顧客に販売している。すなわち、典型的な他産他消企業になっており、葉山のブランディングの行くべき方向を示しているといえよう。

ここに提示した企業例からも分かるように、今後は店舗と街並みの景観を活かした整備が必要不可欠となる。行ってみて、より魅力を感じるような街づくりが、ひいては葉山全体のブランド価値を高めることにも繋がるからである。そこにこそ、生涯消えることのない「センス・オブ・ワンダー」（神秘さや不思議さに目を見はる感性）が育てられ、葉山町が末永く存在できることになるのである。その基盤が確固たるものになれば、将来多種類の葉山ブランドの誕生も期待できるのではないだろうか。

＊1　この節については、二〇一四年一〇月八日の「海狼」山本三津子専務との面談取材および柳沢光二（二〇一四）、六四・六五頁による。
＊2　高崎正風（一八三六〜一九一二）は鹿児島出身で明治天皇の歌道師範。
＊3　「太陽の季節」は一九五五年、「狂った果実」は一九五六年の石原慎太郎の著作。
＊4　この節は、立川丈夫（二〇一三）「葉山ブランドの普及に向けて」地域デザイン学会編『地域デザイン戦略総論』芙蓉書房出版、一七九〜一八三頁と、石井義房氏との日頃の会話による。
＊5　この節は、立川丈夫（二〇一三）前掲書、一八三〜一八五頁と、『毎日が発見』KADOKAWA、二〇一四年一一月号、四〇〜四三頁、および笠原吉昭夫妻との日頃の会話による。
＊6　中島広行氏との二〇一三年一〇月一日の面談による。
＊7　素材としては、天然ゴムの他に合成ゴムもあるが、後者は安価であるが時間とともに硬化するので「げんべい商店」では使用していない。
＊8　http://univ.kanto-gakuin.ac.jp/main/try/competition/1.html
＊9　https://ja-jp.facebook.com/shima.bisan
＊10　後藤欽也社長との二〇一四年一月一二日の面談と会社資料による。
＊11　www.mycorporation.co.jp と「葉山シャツ」の資料による。

【参考文献】


柳沢光二（二〇一四）『葉山にて』用美社、九六頁。

柳沢光二（二〇一四）、前掲書、九九頁。

中島広行（二〇〇七）『ビーサン屋　げんべい物語』徳間書店。

テューラ・ジャパン株式会社（一九九〇）『人がつくる人の場所』テューラ・ジャパン株式会社。

第四章
東京圏にある最大のマリンレジャー拠点である町
―常に高質が求められた海洋への対応―

鈴木　良久

はじめに

葉山のマリンレジャーは、相模湾沿岸のコアとして現在位置づけられる。葉山における近代的マリンレジャーは別荘等に滞在する人たちによって始められている。とくにヨットは葉山のシンボルとなるマリンスポーツに発展しているが、地域デザインからみた場合、他のものも含め左記の五つに分類して検討するのが適切と思われる。

・伝統的遊覧船と釣り船
・海水浴と貸しボート
・ヨットの発祥とその普及
・多様化するマリンレジャー

・マリン施設のハードとソフト

この本の「はじめに」で示したように、葉山は概略三段階に分かれて発展を遂げた。マリンレジャーでは、古くから引き継がれたものとして船遊びや海釣り等が挙げられる。これらのものを除けば、海水浴やヨットなど明治時代以降に興ったものであり、それが葉山の名声を高めている。さらに、現在ではマリンレジャーも多様化の道を進めており、それらのうち葉山に適するものを積極的にゾーンデザインのなかに取り入れている。それらのコンテンツが葉山という風土と生活に適していたことから各々発展し、この地域のブランド力を高める結果となっている。

当初の来訪者の多くは、社会的地位の高い人たちや富裕層の人たちであり、その人たちの要請は都会的、あるいは西欧的なものであった。この要請は、葉山で江戸時代から蓄積していた技術や資源だけでは実現することはできないものであった。しかし、葉山の人たちはその要請を実現すべく努力し、顧客の満足を得ることに成功したのである。それが今日まで続き、さまざまな高質なコンテンツを出現させている。しかも、マリンレジャーそのものだけではなく、風光明媚な景色の中で生活を満喫してもらうために、レジャー基盤や関連施設をも真摯に追求している。たとえば、セーリングのための質の高いヨットハーバーや、海水浴のための着替え場所といった基盤をはじめ、ハイレベルの食事、レストラン、バー、ビリヤードといったレジャーに欠かせない付属施設を生み出していったのである。

現在は、サーフィン、ウィンドサーフィン、プレジャーボート等が加わり、マリンレジャーの内容も多様化している。これらを楽しむ人たちの多くは葉山外からの来訪者であった。そのなかで、この地の魅力に惹かれ葉山に移り住みたいと思う人も現れている。マリンレジャーからは話がそれるが、葉山に観光客や研修者として訪れたことがきっかけとなって、この地を気に入った人も少なからずいよう。幸い葉山の住宅事情は、バブル崩壊やリーマンショック以後、企業の保養設備の多くが売却されてリゾートマンションや戸建住宅になるなど好転している。これが外部からの移住をし易くしている一因となっている。

これらの住宅の多くは、鉄道駅から遠いなど交通の便のあまりよくない葉山に建っている。それを承知でここに入居する訳であるから、この人たちは葉山的な雰囲気という魅力に惹かれた人たちということになる。そして、その魅力の一つが葉山のマリンレジャーというコンテンツなのである。すなわち、葉山の人は、この地に住むことによってマリンレジャーという非日常的な感覚を日常の生活の場に取り入れることができる。これこそ葉山的な文化であり、その中で生活を楽しむことができるのである。

1．葉山港とマリンレジャーの事始め

葉山に、急激な近代化、西欧化が持ち込まれたのは、マルティーノとベルツによるヨーロッパ的避暑・避寒地としての推薦がきっかけであった。それに影響された文明開化促進者達がこの地に別荘を建てて、東京等の生活内容の再現を地元に求めたことが葉山近代化の始まりと言えよう。この求めのなかに近代的なレジャーが含まれていたのである。その主なものとして、釣りを含めた船遊び、海水浴、そしてヨットが含まれていた。

このなかには、従来から葉山にあった遊びも含まれるが、まったく未知なものもあった。これらの求めに応じて、地元の人は新たなレジャー文化を開拓すべく努力したのであり、それが葉山の名を広めることになる。ここに挙げる船遊び、海水浴、そしてヨットという三つのコンテンツは、宮家をはじめとするハイソサイアティの人たちの要請で実現した。そして、町はそれらの人たちの満足を得るということに努力

した結果、葉山ブランディングが進んでいったのである。

（1）伝統的遊覧船と釣り船

第二章で述べたように、葉山は街道の宿場町であり、江戸へ送る魚介類の中継地として、江戸時代以前から栄えていた。とくに、鐙摺港、三ヶ岡等は港町であるとともに街道筋の宿場としても栄えていたのである。そのため、これらの港は廻船業と漁業の人たちによって賑わっていたと言われる*1。

それに加えて、葉山は鎌倉時代から源頼朝を筆頭とした武将達の憩いの場でもあったのであり、彼らは陸路や海路を用いて葉山に遊んだと伝えられている。その際、武将達はたびたびこの地で船遊びをしていたのである*2。それがどのようなものであったか不明だが、前述した明治初期の船遊びはその延長とみることができよう。

この流れはその後も、ハイソサイアティの人たちのための遊覧船や釣り船として継承されている。すなわち、別荘を訪れた人たちが葉山港等の小舟を借り切り、海上からの風景を楽しんだり、釣りに興じたりしたのであり、この事から葉山のマリンレジャーは始まっている。現在、葉山町には十数軒の釣り船施設があり繁盛している。これは、もともと葉山近海が漁場として適していることが主な理由であり、湾を回り込む潮の加減とアマモ*3で多くの種類の魚介類が水揚げされる*4。これらの魚介類は、地域内の飲食店で活用されることは言を待たないが、町内の商店での販売や毎週行われる朝市でも販売されている*5。

また今日、海上からの眺望を楽しむレジャーとして遊覧船があるが、最近はこれにプレジャーボートが加わっている。この利用は、比較的リーズナブルな値段であることから葉山では定着している。現在でも、自家用のヨットやプレジャーボートを所有することはそれほど容易ではない。そのため、この種のクルージングは現代的であり高速性を楽しむコンテンツとなっている＊6。ただし、かつてののんびりした船遊びとは趣が異なるので、同種のレジャーとして論じられるか分からないが、これも時代対応の一つと解せよう。

釣り船による海釣りは、多くの魚を釣り上げることが第一の魅力となろう。その意味からいって、葉山に生息する魚の種類と量は申し分ない。それのみでなく船上から見渡せる相模湾とその後に聳える富士山は多くの人に感動を与えている。もちろん、プレジャーボートによるクルージングはこの風景の中を疾駆する醍醐味を満喫するなかで眺望を楽しむことは同じであろう。釣り船にしてもクルージングにしても、その利用客の多くは地域外からの来訪者によって占められている。それらの人たちにとって、この体験は忘れ得ぬものであろうし、葉山の魅力を高めるのに役立っている。また、町民にとってはいつでもこれらのマリンレジャーは利用できるのであり、それもブランド力の強化に繋がっているといえよう。たとえば、葉山で生活していれば、自らの生活の中で自らこれらのレジャーを楽しむことはもちろん、友人や知人が訪れてきた場合に釣りや風をきってのクルージングに招待できるのである。これも葉山に住んでこそ実現できる喜びとなるはずである。

（2）海水浴と磯遊び

明治時代以降、葉山にある海岸では海水浴が盛んとなり、それにともなって貸しボートや磯遊び、磯釣りなどのレジャーが盛んとなってきた。そして、ここでマリンレジャーを楽しんだ人たちの多くは、別荘滞在者や横須賀線を利用した東京や横浜等からの訪問客であったのである。そこでの、地元の人の役割は来訪者に満足してもらうためのマリンレジャー提供者だった。

そもそも葉山に別荘や滞在先を求めたのは、多忙な日常から逃れて英気を養うためか、温暖な地での療養であった。その人達の多くは、朝な夕なの散策を自然の中に楽しんだのである。たとえば、葉山マリーナの横から海へ降りると快適な散歩道になる。これを海沿いに森戸方面へ歩くと人気の少ない岩場の散策が楽しめる。しばらく行くと、ワカメを干している場所に漁船が陸揚げされているのが見えてくる。運がよければ漁師さんやその奥さんと思われる人達と出会えるので、しばしの会話に心が和む。さらに先へ進むとまた岩場になるが、昼間なら地元や来訪者の親子が磯遊びに時を過ごしている姿を目にすることになる。ただし、早朝や夕刻だと岩に寄せる波と潮騒がもの悲しい。さらに進むと、森戸海岸に行き着く。ここは砂浜であり、格好の海水浴やボート遊び、ウィンドサーフィンの場になっている。昼間は若者をはじめ多くのマリンレジャー客で賑わっている。しかし、この場も朝夕は散歩を楽しむ人たちが主役になり、犬をともなう人たちが会話を楽しんでいる。最後に、隣の森戸大明神へ立ち寄って参拝すると約三〇分の散策は終わる。森戸地区には、魅力のある何軒かの休憩所や食事処があるので散策後の体を休めるのにちょうどよい。このように海上に白帆をみながら散策できるマリンレジャーの源泉箇所が葉山にはいくつか残されている。

海水浴の基本は砂浜での水泳と甲羅干しであるが、その他に、スイカ割り、城作り、砂玉合戦等のオプションが加わる。海水浴を楽しむためには、海の家や浜近くの駐車場、飲食店、宿泊所等が必要になってくる。これらの条件の整っている砂浜が人気のある海水浴場ということになるが、この条件にマッチした砂浜は葉山に四カ所散在する。また、海水浴を支える施設については第二節で詳述する。

葉山の海水浴は、やはり明治時代の別荘客から始まっているが、場所が限られていたことから、その多くはハイソサイアティの来訪者であった。田中富（一九八四）によると、一八八七年（明治二〇年）当時の葉山海岸の多くは葦で覆われており、海水浴に適する場所は森戸川寄りの一帯と鐙摺海岸近くに限られていたという。その後、一九二三年（大正一二年）の関東大震災によって海岸線は一メートルほど隆起し、このため、海水浴に適する砂浜が出現したのであり、葉山にとってはまたとない幸運となっている。

社会的にも、海水浴は急速に大衆化され一般の人たちもこの風習を受け入れていく。葉山では、この風潮と横須賀線の開通によって海水浴客が急増したと言われている。明治時代は一寒村であり、あまり名も知られていなかった葉山も昭和に入ってから海水浴場としての地位を確立していく。因みに、葉山で別荘が一番多く建設されたのは第二章で述べたように一九三四年（昭和九年）であったから、この時期に葉山の夏場は海水浴客が押し掛け大賑わいをみせたことも頷ける。

このため都会の暑さを嫌って、涼を求める人たちによって横須賀線の逗子駅から葉山の海岸まで人波の途切れることはなかったほどの様相を呈していた。現在と違い、この多くは宿泊客であり、別荘を持たない人たちは旅館や民家を借りて泊まっていた。そのため、葉山には多くの旅館がさらに増築されて対応していたが、詳細は後述する。そして、秋とともに静かな葉山に戻っていくのである*7。現在は、ＪＲ逗子駅や京急新逗子駅からバスの利用が多くなっているが、モータリゼーションによって自家用車の利用が多くなっている。

そして、葉山の浜は、海水浴場とボート、ウィンドサーフィン等のマリンレジャーが区別されており、これが特徴となる。葉山の海は、波が静かであり遠浅なことから海水浴には人気がある。ボートは家族や恋人達がゆっくり海へ出て、海上からの景色を楽しむのに最適である。このため、葉山では海水浴と同時にこのサービスが開始されている。あまり派手なレジャーではないが、多くの観光地でみられることからボート遊びはわが国では根強い人気レジャーになっていると言えよう。葉山では、貸しボート組合によると、現在一一軒の貸しボート屋が営業している。

さらに、どの砂浜もそれほど広くないので、隣接する岩場がよい磯遊びの場となっている。幼い子どもたちにとっては磯辺の浅い底にいるイソギンチャクやウニ、小魚やカニ等を見たり、追ったりすることが海水浴のもう一つの楽しみになっているのである。磯遊びは、春から秋に掛けての家族連れや地元の子どもたちにとって人気がある。とくに、来訪者の子どもたちにとっては、生涯忘れることのない思い出として心に残ることになろう。これらの保養客を含めた来訪者がゆっくり、静かに海水浴や海辺の散策が楽しめるために、町としていくつかの対策を実行に移している。

たとえば、一九六四年(昭和三九年)には、海岸でのキャンプを世間に先立ち禁止している。その後、二〇一〇年(平成二二年)に安全で快適な海水浴場を確保するための条例を定め、海の家等を行う事業者、海水浴を楽しむ利用者、町等の関係機関の責務を明確にしている。とくに、近隣住民への生活に配慮するとともに良好な自然環境の保全に努めている。さらに、二〇一四年に海水浴場利用者にマナーアップの取組みを実施した。従来からあった飲酒、喫煙、バーベキューの制限等に加えて、入れ墨や水上バイクについても制限を強化している*8。

これは、町のビジョンの具体策である。すなわち、多くの若者を招くことによって町の活性化を図るならば、キャンプ場やロックバンドの演奏場、酒の飲める海の家等の設置を推進したであろう。それはそれで、街は賑わったであろう。浜辺では若者が明け方まで飲酒し、花火を打ち上げ、大音量の音楽をならし、歌声が響く。もしそれが実現していれば、従来の別荘客や家族連れ客の多くを失ったものと思われる。その結果、葉山的な雰囲気は破壊され、レイドバックな文化も姿を消したであろうが、葉山の人たちは従来からの生き方を選択したのである。

（3）ヨットの発祥とその普及

　葉山は御用邸を有することで有名であるが、もう一つ全国的に葉山を有名にさせているのがヨットの存在であろう。その証拠に、逗子や横須賀から国道を葉山に入る境界線に帆船をあしらった町名入りの標識が立てられている。また、町のマンホールの蓋には波間に帆を張るヨットが描かれており、森戸海岸沿いの散歩道には鮮やかに描かれたタイル絵が敷き詰められている。ヨットが葉山のシンボルになったことにはそれなりの理由があるが、他の地域にそのブランドを奪われることなく現在に保っていることには、またそれなりの判断と努力があったのである。

ヨットをあしらった葉山町の標識（葉山町提供）

　葉山元町のサイト（二〇一四）によると、日本で最初のヨットは、一八六一年（文久元年）に長崎の貿易商オルトが英国人船大工に注文して建造されたものであるとしている。その後、横浜で一八八二年（明治一五年）に日本人大工がはじめてヨットを建造し、葉山で帆走したと書かれている。このため、葉山は日本のヨット発祥の地と言われるようになったのである。

　松田菊雄（二〇〇六）は、横浜、長崎、神戸に去来した外国人が明治初期から居留地でセーリングやヨットレースを楽しんだとし、日本人が趣味やスポーツとしてヨットを始めたのは明治末期としている。そして、当時葉山町堀内の相福寺に合宿していた慶応大学水泳部が小型ヨットを森戸海岸沖で帆走したが、これが日本における近代ヨットの始まりとしている。それゆえ

ヨット発祥の地の石碑
（葉山町提供）

に、葉山が近代ヨット発祥の地であると記しているのである。ここでは、金子氏のセーリングが個人的な事例であり、明治末期の慶応大学による事例から正式な近代スポーツになったとしておく。

また、前述の松田菊雄（二〇〇六）によれば、大正期に入ると葉山に別荘を持つ財界人や海軍高官の子弟たちが森戸海岸でヨットを始めたとしているので、徐々にヨットが普及していった様子が分かる。一九三二年（昭和七年）には慶応大学主催による第一回湘南ヨットレースが森戸海岸沖で開催されている*9。このように、ヨットは葉山から始まり日本国中へ広がっていったとみてよいであろう。これにより、葉山におけるヨットの帆走がヨットレジャーとヨットレースの先駆けになったのである。現在、葉山港入り口にはヨット発祥の地を記念する石碑が建っている。

もちろん、ヨットは簡単に入手できるものではない。最も安価に入手できる小型のヨットでも五〇万円以上はするし、エンジンやキャビンの付いた大型船になると億円単位も珍しくないからである。それに、燃料代、繋留費、メンテナンス費を加えることになるので相当な費用となる。石原慎太郎（一九九七）が少年期を振り返って「わずか十二、三フィートのA級ディンギーだったが当時湘南に住む子供達にとってそれほど贅沢な玩具はありはしなかった」と買ってもらった時の喜びを述べているように、大変高価で魅力的なものであった。それから考えて、当時の大人でも個人で買える人は限られていたと思われる。しかし、大学のヨット部のように限られたヨットをシェアリングすることによってヨットを楽しむことは可能であったろう。そのため、葉山には各大学や企業のヨット部が集まり、前記のようにわが国初のヨットレースが行われ、その後、葉山港を起点とするさまざまなレースが開催されていく。そのなかには、各種の団体が主催するレース、全日本選手権、各種国際大会、世界選手権が含まれている。

そのような状況のなかで、葉山を利用する大学ヨット部の数は増加し、現在に至っている。葉山町教育委員会の二〇一三年（平成二五年）資料によれば、この時点で三〇大学のヨットに関連する合宿所が設けられている。ここを利用してヨットに親しむ学生は、練習の合間にみた紺碧の海、そこに浮かぶ仲間達の白い帆、後に浮かぶ丹沢や箱根連山、そして富士の霊峰が心に刻み込まれていくのである。また、仲間たちと語り合った夜のひと時、町中で知り合った著名人との会話等、その経験は生涯忘れ得ぬ思い出となっているはずである。その後、この学生達が卒業とともに各地へ帰省した時、葉山の魅力ある思い出の事柄や文化を伝えてくれるであろう。それが、さらに葉山のブランド名を全国的に広めていくことになると思われる。

葉山でのヨット風景

ヨットという高価な船を楽しみ、あるいはレースを競う人たちの集う葉山の地は、それらの人たちによって高級感を醸し出す雰囲気が作りだされたことに間違いない。それだけでなく、葉山を訪れる多くの人たちが海に目をやったとき、青い海に浮かぶ白い帆が見えるのである。この一服の絵画をみるような心弾む風景は、葉山という地に人々の心を引きつけるのに役立っている。ただし、ヨットの拠点になるためには繋留地やメンテナンス設備等のインフラが必要になる。この点で、葉山は早期から基盤整備に努めた結果、現在でもヨットの起点地を維持している*10。

現在では、近郊のヨット繋留地として、三浦市、逗子市、鎌倉市、藤沢市（江ノ島）が開設されている。このなかで、早くからヨットに対するインフラを整えた葉山は、高価なヨットを所有する多くの富裕層を引きつけていた。これが成功し、葉山は近代的な地域ブランド力を高めたと言えよう。そして、今日でも積極的にヨットのインフラやマリンスポーツのインフラ整備と支援環境の改善に努めている。

2. マリンレジャーのメッカ戦略

第二次世界大戦後、時代が変わり多くの別荘は企業の保養所に変化した。それが、その後の経済変化によって、さらにリゾートマンションや戸建住宅に変わって現在に至っている。このような時代変化のなかで顧客要求は多様化へと進んでいる。これは、マリンレジャーにおいても例外でなくその多様化を求めている。古くからそれらの拠点となっていた葉山は、一九六〇年代以降の経済発展にともなって、新たな対応を迫られてくる。

この多様化とは、新たなマリンレジャーが出現したことであり、その中で葉山が対応しなければならないものに対して新設備の整備が必要になったのである。具体的には、従来からあったヨットやボートをはじめとして、サーフィン、ウィンドサーフィン、プレジャーボート等への対応が必要になったことを指す。幸い、これらの多様化に対してコンテンツ毎の対応が行われており、さらに、葉山町セーリング協会のまとめのもと各コンテンツは互いに脈絡をもつコンテクストへ進展させている。

この変革を受け入れるため、町の真摯な対応は途切れることなく継承されてきた。それによって、各コンテンツはスムーズに行うことができるのである。それは、レジャーそのものの他に、それがスムーズに行われるための基盤、さらに快適に過ごせるための付随施設等を統合した概念を確立したことを言う。そこでは、ブランディングという意識はなくとも、結果として葉山のブランドになっている。

たとえば、ウィンドサーフィンは預けておく場所、駐車場、シャワー施設、必要部品の提供、さらに食事場所といった施設やサービスが総合的に高いレベルで確立していることが必要になるのである。葉山にはこの確立があるため来訪者のみならず、地元の人たちも多様化されたマリンレジャーを満喫できるのである。

（1）マリンレジャー・スポーツの新展開

今日、マリンレジャーもマリンスポーツもその種類を増加させて留まるところを知らない。これは、顧客ニーズの多様化に関連した企業が対応した結果でもあり、企業の自らの創造活動の結果でもある。

マリンレジャーの多様化

かつて、ヨット、釣り船、遊覧船、海水浴、磯遊びが主流であったマリンレジャーは、スキューバダイビング、水上スキー、パラセール、水上バイク、カヌーやカヤック等々が登場し多様化が進んでいる。葉山が海水浴客でにぎわっていた一九五〇～六〇年代では、海中の景色を楽しむには水中眼鏡を付けて素潜りするより方法はなかった。それはそれで、楽しい思いを作り出してはいたが、普通には時間にして何十秒からせいぜい一、二分のものでしかなかった。それが、現在のスキューバダイビングでは、数十分もの水中遊泳や散歩、さらに海中撮影が楽しめるのである。

社会では、遊覧船の底がガラス張りになっており、海底や海中の魚がみられるものもある。これは現在でも健在であるが、さらに進んで潜水艦形式のものも出現している。この形式のものになると、魚を上からだけでなく下からも横からも眺めることができ、いながらにして水中散歩が楽しめるのである。これらは、まさに海好きが描いていた夢の実現である。

しかし、その反面、カヌーやカヤックのように昔から海洋民族の生活で使われていた素朴な舟の復活もある。近代的なマリンレジャーの多くがエンジンやモータ等の動力によって推力を得ているのに対して、カヌーやカヤックは人力や自然の力のみを頼りに走行する。そこには、エンジンの轟の中を疾走する醍醐味や水中や空中を駆けたり散歩したりすることはできないが、自然が奏でる静寂を思う存分楽しむことができる。

葉山では、もともと狭い土地に四つの海水浴場が並んでいるので一つ一つは限定された広さしかもたない。そして、従来の静かな葉山的スロースタイルが好まれている状況では近代的マリンレジャーは自ずと制限される。とくに、水上バイクやウェイクボードなどの騒音とスピードが伴うものに関しては、浜から近い場所を使用する海水浴やサーファーとの共存が困難になろう。また、たとえ沖のみに使用を制限したとしてもヨットやウィンドサーフィンへの危険性はなくならない。さらに、海岸近くに多くある住宅や宿泊場所への騒音被害は狭い葉山ではよほどの考慮がなされない限りなくならないのである。これらのことを考慮すれば、カヌーやカヤックは問題ないとして、葉山のブランディングにはやはりヨットをはじめとする従来のマリンレジャーを押し出すべきと考える。プレジャーボートについては、沖合遥か彼方までの航海が一般的であることから、法規制に基づいた運用が必要になる。また、葉山では現在はこの範囲で問題なく運行されているのである。

葉山には、葉山マリーナと葉山港からプレジャーボートを使ったクルージングが運行されている。これは、旅客を対象にして運行されているもので五名乗りから二〇名乗りまで揃っている。出航すると、海水浴客やウィンドサーファーを避けて沖合へむかい、左へ旋回する。しばらく陸地と平行に走り、赤い名島の鳥居と葉山灯台（別名裕次郎灯台[*11]）を望見した後、江ノ島に舵を切る。ここからは江ノ島沖まで波をけたてて疾駆する。この航海中、大山や箱根、さらに天気がよければ富士山を望むことができる。江ノ島を沖合から眺めた後は、葉山まで波を切ってのクルージングとなるが、この間、約四〇分から四五分である。

航海中に時々釣り船やヨットと出会うことがある。ここまで沖に出ていると危険を感じることはないが、入出航時の砂浜近くではウィンドサーフィンの数が増えてくる。航路が決まっているので心配は不要だが、無秩序に小型のモーターボートや水上バイクが走る回った場合には危険であろう。また、個人所有や共同所有のプレジャーボートの多くは葉山港や葉山マリーナに繋留されているが、走行については両港等の指導のもとで安全が保たれている。

マリンスポーツの多様化

マリンレジャーのなかで、どの部分をマリンスポーツとするのかははっきりしないが[*12]、ここでは海に関する遊びや娯楽をマリンレジャー、心身の鍛錬や競技会を目的とするものをマリンスポーツと定義する。マリンスポーツの定義に当てはまるものはそれほど多く思い浮かばない。ヨット、サーフィン、ウィンドサーフィン、その他モータボート、水上スキー、カヤック等であろう。

このなかで、葉山では伝統的にヨットが有名であるが、最近はウィンドサーフィンが流行って久しい。サーフィンも葉山で楽しむ人が少なくないが、穏やかな波の多いことからサーファーの憧れの地にはなれない。しかし、ヨットやウィンドサーフィンには自然の条件が葉山には揃っている。まず、葉山は相模湾の東側にあり、しかも三浦半島の付け根の奥深い所にある。ここに、西向きの砂浜が小さな半島で区切られながら四カ所に散在している。この入り江は、昔の寒村時代には漁港として沿岸漁業に利用されていた。しかも、関東地方では南北からの風が多く吹くこともこれに幸いした。また、葉山の特徴はこれらの砂浜に山が迫っていることであり、その山と海の間に家屋が密集している。そのため、沖では風があっても浜辺では風が遮られ出船、入り船に適することになる。

このような状況で、ヨットやウィンドサーフィンが出航時、帰航時に東西に船首を向ければ帆は左右から直角に風を受けることになる。この角度が、帆を使う船やボードにとって最適な自然環境なのである。これは、入出航の時のみならず沖へ出た際のセーリングにも適していることを意味する。このような自然状況をもっている地勢はわが国内では少ない。しかも、一年を通して気候は温暖であり、波静かな日が多い。その上に、相模湾から世界遺産の富士山を望見しながらのセーリングができるのである。

このような好条件の地に港湾を整備したことは、必要に迫られて行ったものであるが、現在の葉山発展に繋がっている。すなわち、温暖な地であることも含めて気象条件がヨットに適していることを見抜き、港湾設備の開拓を意思決定したことは、葉山を「ヨット発祥の地」にしたうえ、現在もなおヨットの拠点にしている所以なのである。この条件は、ウィンドサーフィンにも当てはまるものであることから、葉山での普及が著しい。

その主な要因はヨットと同じものであるが、ヨットよりもはるかに手軽なスポーツであることが人気をよんでいるものと思われる。すなわち、ボードの置き場所はヨットより容易であり、後述するボード預かり所を利用すればすむ。ただし、ボード預かり所の料金は、ヨットに比べれば安いとはいえ有料なので、自家用車の屋根に乗せて自宅から持ち運ぶことも可能なのである。それに、ウィンドサーフィン故に、まさに風を身に受けてセーリングすることの醍醐味は大きく、適切な波があれば波乗りを楽しむこともできるのである。これも、葉山の文化にこのスポーツが溶け込んだ要因になったといえよう。

(2) マリンレジャーとマリンスポーツの環境整備

ヨットの拠点が葉山にできたことは、この地に主要なブランドコンテンツを作ったことになる。しかし、前述のように入り江さえあればヨットの拠点になれるわけではない。直接的に必須となるヨットのための港湾設備が整っていなければならないからである。そして、間接的にはここに集まる人たちが安心してレジャーやスポーツに興じられるための施設、さらに楽しく過ごせるための施設が必要になるのである。そして、これらは長い期間の積み重ねがあってはじめて機能を発揮できるものである。

ヨットハーバーの整備

わが国で、はじめに日本人によるヨット帆走が行われたのは葉山であったが、その後は絶えることなくヨットの町としてその名を高めている。ヨットは、繋留をはじめ船体の維持や修理等、帆走するための維持に手間がかかるものである。そのため、ヨットを町のブランドとするためには、基地すなわちハーバーの開設と整備が必須になってくる。

福谷清（二〇一四）によれば、葉山では鐙摺漁港を一九三五年（昭和一〇年）に改修した際、その一部がヨットの利用施設となっている。これが、葉山におけるヨット発展の礎となったとしている。この施設は近代的なものであり、葉山町民である元「味の素」社長であった鈴木三郎助の私費援助によって港湾建設が可能になっている。現在、港近くに葉山町漁業協同組合が建立した「船舶竣工記念碑」が建てられているが、題字は金子堅太郎のものである。これは、漁民が湾港整備を歓迎した証である。

この整備によって、葉山のヨット利用は進展し、沖合でのレースが盛んとなっている。なかでも、一九五五年（昭和三〇年）に第一〇回国民体育大会のヨット競技会場になった際、昭和天皇、皇后が天覧されておられる。この後も、東京オリンピック時（1964）にはサブハーバーに使用される等、葉山のヨットハーバーは有名になっている。とくに、クルーザーが発展しヨットの大型化が進み、エンジン付きのものが現れると、ハーバー機能として給油施設、大型クレーン、エンジン等の整備や修理施設が求められてきた。葉山でこれらの施設が充実してくるとヨットのみならず、プレジャーボートの利用も増加してきた。

さらに、繋留されているヨットを利用する場合、近くの別荘や宿泊設備から来る利用者も、遠方から来る利用者も時代とともに自家用車利用が増えてきた。このため、海上における繋留場所のみならず陸上における駐車場も必須施設となっている。これらに対応して、現在の葉山港では約一二〇隻のヨット繋留と約一三〇台の駐車場が設備されている。

また、もう一カ所葉山マリーナが開業している。このマリーナは、東京オリンピック時（一九六四年）にヨットレースの補助会場として作られたものである。したがって、現在では創立後五〇年の歴史をもつに至っている。現在は京浜急行㈱が経営しているが、マリーナ*13としてはわが国で一番古く、内容も充実している。たとえば、クルーザーは二〇〇隻以上繋留でき、ディンギーは一〇〇隻ほど繋留できる。

また、ヨットやプレジャーボート等には、修理、点検、エンジンクリーニング、プロパンガスの充填、バッテリーチャージ、海上繋留艇の船底クリーニング、洗艇サービス、給油等が必要になるが、これらのすべてが利用可能となっている。このため、二〇トンと三〇トンのクレーン、給油バース、サービスセンターが用意されており、プロのスタッフを常駐させている。民間マリーナなので、多数のオーナーによって支えられていることから、オーナーのためのくつろぎに場を提供している他、ヨットレースは二週間に一回のペースで開催されている*14。このように葉山には停泊港やマリーナの充実があったからこそ海上におけるマリンレジャーが年を通して盛んに行われることができるのである。小さな町が、この二つの海洋拠点に力を入れてきたことは地域デザインからみて正しかったと言えよう。

ただし、現在ではウィンドサーフィンやサーフィンを楽しむ人が葉山でも多くみられる。もちろん、その数は、手軽さからヨットやプレジャーボートをはるかに凌ぐものである。しかも、それらは比較的簡単に岸辺で組み立てられ、そのまま海に浮かべることができるのである。帆やボードを預けたり、レンタルできる店舗が葉山にも数軒開設されており、多くのウィンドサーファーやサーファーが利用している。しかし、自家用車の屋根に乗せて海岸の駐車場へ乗り入れ、プレーを楽しむサーファーも多く見られる。海から上がったサーファーは、シャワーや着替え等に上記の店舗を利用することができる。これらの行為について、葉山では積極的に認めているのでウィンドサーフィンやサーフィンは有力なコンテンツに育っていると言えよう。

町の受け入れ態勢

葉山でマリンレジャーが盛んになるにしたがって、そのために集う人たちも増えてくる。したがって、その状況への受け入れ態勢が地域に求められた。なかでもヨットでセーリングした後、つかの間の休憩時間に短時間に食べたり飲んだりできる物がそれらの人たちから求められた。さいわい、葉山には江戸時代からの宿場が数カ所にできていたことから、そこにあった旅館や飲食店等がそれらの人たちへ対応出来た。「太陽の季節」や「狂った果実」はそのような場が舞台となっているのである。

また、海水浴についても現在でいう海の家が必要であった。海水浴客には、真水の浴所や更衣室の備わった建物が必要であったからである。松原の中に苫屋の続いていた時代には、これでも簡単に開設出来るものではなかった。しかし、ハイソサイアティの多い海水浴客からの要請に対応できなければ、それらの人たちの満足は得られないことになる。このため、森戸大明神の境内に二カ所の設備を用意している。これによって、境内からすぐに続く森戸海岸での海水浴は大賑わいをみせたのである*15。

さらに、明治時代になって葉山に別荘が多く建つようになると、モダンな店舗や商品がそれらの宿場町に揃うようになっていく。そのため、別荘の滞在者だけでなく地元の人や逗子等周辺の人たちが葉山へショッピングに訪れるようになっている。この状況は一八九四年（明治二七年）の御用邸建設にともない逗子に横須賀線の駅ができるまで続く*16。そのなかにあって、森戸海岸に近い元町ではすでに近代的な商店が軒を並べており、周辺からの買い物客を引きつけていたようである。そこへ、さらに海水浴客の新たな要請が起こり、これに応じてますます賑わいをみせたといえる。

矢嶋三策（二〇一四）の記述によると、大正時代の元町には現在と同じような種類の店が並んでおり、それが海水浴客の要請によって変化していく様子が描き出されている。たとえば、「橘薬局」には一角にハイカラな喫茶店が設けられており、アイスクリームもおかれていた様子や、本屋の「幸福堂」には当時珍しかった鉛筆や消しゴム等の文房具があり、それらが上等な舶来品であったこと、さらに「ガラス屋」

や「稲屋」などの呉服屋があったこと等が述べられている。そして、どこも立派な一流店という感じがしており、高級別荘客を相手に繁盛していたようであった。

また、同じ元町の海岸にあった食堂では、多くの別荘へのデリバリーに一年中忙しかったとのことであった。夏になるとその多忙さはピークを迎え、厨房も配達も多忙な日が続いていた。さらに、海水浴が流行ってくると、その客が押し掛けてくるようになったため、食事以外にかき氷等の販売を始めている。この商品は需要が多かったため、さらなる売り上げに繋げる工夫をしている。それは、かき氷に男性や女性の名前を付けたり、当時子ども用に流行っていたオモチャ名を付けたのである。それにより、かき氷の売り上げ増が続いたというが、やがて時代の変化とともにこの店も建てかえを余儀なくされている。現在では、時代の推移に適合させてイタリアンレストラン「菊水亭」として営業を続けている*17。

もう一つ、ヨット族から喜ばれたのがコロッケである。セーリングの合間の短時間にすばやく食を満たすには、ハンバーガー等のファストフードのなかった当時ではコロッケが最適であったのである。その中にあって、「旭屋牛肉店」では最高の味を出すべく工夫を重ねていったことから、その評判は広まり、現在では横浜のデパートにも出店するほどに発展している。これも地産他消に貢献している一つの例である。

別荘客、海水浴客、ヨット客が多くなり、それぞれの要請を個別に対応したのでは無駄が多いことに商店主たちは気づいてきた。そこで、商店主が集まり情報を交換し、役割を分担するなどして顧客要求に効率よく対処していった。そのために商店主たちは、数多く話し合う場を設けている。ここでは、基本的なコンセプトとして、提供するものから安物を排除して高級品、一流品にかぎることを決めている。このため、元町の例にあったように店も内容も一流だったのである。

また、当時としては東京や横浜でなければなかなか手に入らなかった果物、ケーキや菓子、サイダー、

森戸海岸の海辺

外国ビール等が提供されていた上、ビリヤードやカフェ、バー等へ行くこともできたのである。この商店主達の集まりは、歴史を重ねて発展し今日の葉山町商工会になっている*18が、後に現れたウィンドサーフィンをはじめとする新規の顧客が発する諸要請にも対処出来ているのである。

今日でも続いているが、一年中を通してヨットやウィンドサーフィンを楽しむ人たちに対しては、町を挙げて満足してもらうために努力を傾けている。ただし、基本的な町の文化である高質なスロースタイルを崩すことはしていないし、してはならない心づもりをもっている。それによって、セーラーやサーファーとの良好な関係を保って快適な時間を楽しんでもらっている。さらに、それらの人たちが海から上がれば、上質な料理やドリンクを上質なサービスの下で楽しめるのである。夏場になって、海水浴の季節になっても、基本的な町の文化は変わらない。マリンレジャー客と海水浴客が棲み分けられた海面で互いに楽しむのであり、高質なサービスが受けられるのである。

夕方になって浜から上がり、シャワーを浴びて一休みした後に快い疲労感のなかを魅力あるレストランや料理店に足を運ぶことができる。窓外には、相模湾を背景に帆を夕日に赤く染めたヨットが数隻認められる。これを眺めながら贅を尽くした料理とワインを家族や仲間と楽しめる。そこには、親子の絆、仲間の絆が強まっていこう。こんな光景が葉山では明治時代から綿々と続いているのであり、祖父母に連れて来られた孫が、その子供とともに同じ体験をし、今は祖父母となって葉山を訪れているのである。これらが自然と町の雰囲気となり、人々に葉山に住んでみたい気持ちを起こさせるのである。

（3）葉山の顧客部族化戦略

原田保、片岡裕司（二〇〇九）によれば、交換という経済行為を超えた親しみや熱狂といわれる類いの関係性を「部族」性、「部族」的とよんでいる。これからの企業と顧客との関係を説いたものだが、多様化していくマリンレジャーの世界においてはまさに必要になってくる概念であろう。たとえば、ヨットにしてもウィンドサーフィンにしても、はじめから乗れる者はいない。誰かに教わることによって、はじめて乗れるようになるのである。それは、友人かもしれないし、親や兄弟かもしれない。

このような、自然発生的な行為にのみ頼っていては衰退する可能性が高い。教える方も、教わる方も流行に左右されたり、個人的な事情に阻害されたりするからである。また、経済的な負担はかかるが、民間のヨットスクールへ通う人もいるだろう。そのようなか、葉山町では積極的にその醍醐味を初心者に伝える政策をとっている。それが、町が主体となったヨット教育である。ことのはじめは、当時の葉山町長であった守屋大光が、ヨットの普及を図り、その練習を通じて健康で節度ある青少年の育成に力を注ぎたかったこと、それによる町のブランディングをしたかったことによる。そのため、議会等の関係者にコンセンサスを得つつ、内容の理解を広めていったが、そう簡単には実現しなかった。

その間、町内では同様の志をもった人たちが一九九一年（平成三年）にヨットスクールを開講している。これは葉山町ヨット協会が主管になり、葉山ジュニアヨット実行委員会が主催している。参加資格者は、趣旨に沿うよう小学三年生から高校三年までに限定して行われた。この事業は、自主的なものであり葉山マリーナを会場として夏季に三年間行われていた。一九九四年（平成六年）「健全な青少年育成とヨット技術の向上、海事思想の普及」という主張が議会で理解され、この案が可決されている。これは、従来行われていたヨットスクールの運営に予算がついたことを意味する。

内容は、従来のものをほぼ引き継いでいるが年間を通し、小中学生を対象として（定員二五名）毎週日曜日に開催されている。このスクールには、将来大きな国際大会に出場し活躍することによって、郷里の名を高めてくれる選手が育ってほしい、という願望が込められている。主催は葉山町となり、葉山町ヨット協会は主管のままで実際のヨット教育を行っている。その後、葉山町ヨット協会は内容の幅を広げたため、葉山町セーリング協会へと名称を変更したが、現在ではこの協会が主催となり、葉山町は主管、葉山町教育委員会が後援となって運営されている*19。

このスクールに入校した小中学生は、中学卒業でこのスクールも終了することになるが、ほとんどの人がやり遂げている。それだけでなく、卒業した後も趣味として熱心にセーリングを続けている人が多い。さらに、期待通りに成長を遂げて全日本、各種国際大会に出場している人も続出している。たとえば、二〇〇九年のイタリア・ミラノで開催された国際ヨット大会において見事優勝を勝ち取った選手も輩出している。

葉山町ヨットスクールの最近の特徴は、卒業した人の中から後輩を指導してくれるボランティアの多いことである。すなわち、卒業後に葉山町セーリング協会の会員となり、自らセーリングを楽しみながら、このスクールでは後輩指導にあたるのである。前出のミラノ大会優勝者もその中に入っている。ヨットによるセーリングを知らなかった小学生が、数はあまり多くないが卒業時には先輩等からの指導でその醍醐味を満喫しているのである。ここには、経済行為を超えた親しみや熱狂といわれる関連がスクール指導者と受講生の間で作られているのであり、原田保のいう世代を超えたヨット部族ができ上がったと考えられる。

この部族的関係の輪を広げるために葉山町では、他にもいくつかの事業を行っている。その一つが、葉山町教育委員会が主催、葉山町セーリング協会等が協力して毎年行われている「ＨＡＹＡＭＡ海の学校」である。対象者は小学五～六年生二五名で、海に面した葉山の自然環境を体感してもらい、同世代でヨットに乗船することで自主性と協調性を育んでいる。これは、一日コースでＯＰヨット*20および大型ヨットの乗船、救命学習、ロープワーク学習等が行われる。この学習は、海やヨットに興味を持ってもらうことが主眼であるので、ここに参加したからといってヨットのセーリングができるようになるわけではない。この学習によって、郷土や海への愛着が育ち、葉山町ヨットスクールに応募するなり、他のスクールへ入るなどしてセーラーになってくれることを願っているのである*21。

もう一つが、「バリアフリー・ヨット大会」が毎年開催されていることである。これは、葉山町セーリング協会と逗子ヨット協会が主催し、葉山町、葉山町教育委員会、逗子市が後援している。はじまりは、一九九八年に実施された「かながわ・ゆめ大会」（全国障碍者スポーツ大会）を契機に開催され、今日まで続いているものである。この大会は、障害を持つすべての選手が中心となり、ここヨット発祥の地「葉山の海」でセーリングや関連イベントを一緒に競い、かつ楽しむというもので、わが国はもちろん国際的にも画期的な大会として注目を浴びているものである。この大会は、二〇一四年で一七回を数え、多くの協賛者と協力者を得ており、葉山の誇れるイベントになっている。そして、その内容は左記のようになっている。

・クルーザー・クラス：森戸海岸沖周回レース
・模型ヨット・クラス：港内でのフリート又はマッチレース
・遊覧クルージング：森戸海岸沖での乗船体験
・懇親パーティ

この内容から理解出来るように、選手達の競技のみならず模型好きな障碍者による模型ヨットの競技、普段なかなか乗る機会のできない乗船体験、さらに交流を深めるためのパーティと楽しみも重視されているのである。その他にも、葉山町と姉妹都市になっている草津町とはイベント交流を行っている。草津からは毎年水泳を主とした葉山のイベントに参加してもらっている。このイベントには水泳の他にも磯遊びやボート漕ぎも含まれているが、葉山がもつジュニアリーダが手助けをしている。これによって、同世代の少年や青年の交流が深く進行しているのである。ちなみに、葉山から草津へはスキー体験に参加している。ここでも経済効果を求めない心の絆を追求する葉山的な「部族」性が保たれていると言えよう。

以上述べてきたように、葉山ではヨットを核として、各種ヨットスクールやバリアフリー・ヨット大会等のイベントを事業化しているのである。また、葉山町ヨット協会が葉山町セーリング協会へ名称を変えたことからも理解されるように、ウィンドサーフィンを主としてセーリングの対象も増えてきた。多様化したこれらも、部族化を図るための各種イベントを各個に開催している。それによって、海の町葉山の名が世間に広まっていくことは歓迎すべきことと思われるが、「ヨットの町」葉山の名が薄れることも確かである。

そのなかで、協会等のまとめ役のない個人や団体が各々の存在概念でバラバラに活動を進展させた場合も、従来の葉山らしさ、葉山的部族化が崩れることは避けねばならない。これらの団体が葉山らしさとい浜辺の騒音に悩まされたり、浜辺の住民に迷惑がかかったり、ましてや治安が悪化したりすることは避けねばならないからである。

おわりに

鎌倉時代から、源頼朝や武将たちの憩いの場として船遊びや夜の宴に使われていた葉山は、文明開化の時代とともにハイソサイアティたちの休息の場として使われるようになった。そこに御用邸の建設が加わり、一層格式のある紺碧の海と緑豊かな避暑地、避寒地としての弾みをつけたのである。海をもつ休息地として、当然ながら来訪者を海でもてなすことになる。

しかも、明治維新後の時代変革の中で西洋文化とそれに強い影響を受けた東京文化が、別荘の人たちによって葉山に持ち込まれている。そのなかに海水浴やヨット等があった。それらを受け入れるためにはインフラの整備が必要であり、気持ちよく海で過ごせるサポート産業が必要であった。この要請に葉山は町を挙げて取り組んだのである。その結果が、葉山港やマリーナの整備であり、海辺のモダンな旅館やレストラン、喫茶店等、商業施設の建設であった。これらの施設は、ハイソサイアティの人たちが相手となることから一流の内容が求められ、愚直なまでに葉山の人たちは実現に努力し続けた。やがて、時代は平成の御代に変わってマリンレジャーも多様化していったが、よりよいものにしようとする葉山的な追求心は変化していない。

これからは、さらに多様化が進むマリンレジャーのどれを選択するのかが、葉山でも求められてこよう。それには、各地域の地理的条件、自然環境、財政力等に加えて特有の文化が影響してくる。そのアプローチの一つとして、現在の文化を破壊して新たなブランディングによる文化革新を行うものもある。すなわち、スクラップアンドビルドの実行である。たとえば、いろいろな選択肢から農地を整地して工業地に作り替えた町もある。しかし、スクラップアンドビルドは現在の状況に行き詰まった場合に有効であることから、葉山には馴染まない。

現在の海に関するヨットやウィンドサーフィン等のコンテンツは、老若男女が高質でゆっくり過ごせる生活環境のなかで共存している。それ故、海に関して急激な文化の変革や革新は葉山では馴染まないのである。そう考えると、これからどのようなコンテンツが出現するか分からないが、葉山的文化に適合するコンテンツを受け入れつつ、従来培ってきた対応能力を発揮していくことが葉山の進むべき戦略と考える。

＊1　長柄・葉桜商店会編（二〇一三）「葉桜散歩道」Vol.4による。

＊2　「源頼朝と葉山マリーナー近辺」、『逗子　道の辺史話』第十二集、一九八二年、一八頁による。

＊3　アマモとは、藻の一種であり魚の生育に適したもので葉山（とくに真名瀬地区）の漁場を豊かにしている。一時気象環境の変化でほぼ消滅したが、葉山の小学生が学校でアマモの苗を毎年育て、漁業者やダイバーが植え付けしたことで再生に成功している。

＊4　二〇一四年六月一七日に行われた特定非営利活動法人葉山まちづくり協会、代表理事の伊東進氏との面談による。

＊5　二〇一四年九月一四日、読売新聞二九面による。

＊6　葉山クルージングの内容については葉山港公式サイト二〇一四年九月一四日付け(www.riviera-r.jp/hayama/cruise/)による。

＊7　二〇一四年八月一九日に行われた㈱日影茶屋、代表取締役社長の角田晋之助氏との面談による。また、三角し

ず（一九九一）『日影茶屋物語』の随所に記述されている。

＊8　葉山町企画財政部編（二〇一四）「葉山町町勢要覧90」七六頁、葉山町（二〇一〇）「安全で快適な葉山海水浴場の確保に関する条例」、および葉山町（二〇一四）「平成二六年度第一回葉山町海水浴場関係機関等調整会議」による。

＊9　葉山町企画課編（一九八四）「町勢要覧」三五頁による。

＊10　葉山のヨット発展の内容は、葉山町セーリング協会・会長代行の井上義朗氏との二〇一四年七月一一日の面談による。

＊11　菜島にある灯台で、俳優の石原裕次郎氏を偲び三回忌に建設されたもの。この建設には、兄の石原慎太郎が広く募金を呼びかけて実現した。灯台のプレートには「海の男裕次郎に捧ぐ葉山灯台」と刻まれている。

＊12　そもそもスポーツとは、有斐閣によれば「遊戯、競争、肉体的鍛錬の要素を含む身体運動の総称」と定義されている。また、レジャーは同辞典によれば「余暇。仕事のひま。転じて、余暇を利用してする遊び、娯楽」である。そこで、本著では海に関して肉体的鍛錬を重視するものはマリンスポーツ、遊びや娯楽を重視するものはマリンレジャーに類型している。たとえば、ヨットはその対応によって、どちらにも属することになる。

＊13　マリーナとは、広辞苑によれば「ヨットやモータボートの停泊基地。宿泊所や遊戯施設を備えるところが多い」と定義づけられている。葉山マリーナも船への直接的サービスの他にレストランや海に関するグッズの売店等が揃っている。かつては、ホテルが併設されていたが、宿泊客の減少により今日では廃止している。これは、葉山の旅館が海水浴客の宿泊減少によって廃業や転業に追い込まれたことと通じるものである。

＊14　葉山マリーナの内容に付いては二〇一四年九月二一日現在の marinecast.jp/marinecaster.com による。

＊15　森戸大明神、守屋大光宮司との二〇一四年七月二日の面談による。

＊16　「葉山散歩道」Vol.4、2013 による。

＊17　「菊水亭」、高木太郎店主との二〇一四年七月七日の面談による。

＊18　葉山商工会、柳新一郎会頭との二〇一四年七月二日の面談による。
＊19　二〇一四年六月二三日の葉山町教育委員会生涯学習課、課長の梅田仁氏、主事の碇野陽基氏との面談および葉山町教育委員会生涯学習課のヨットスクール事業案内書による。
＊20　OPヨットは、Optimist ヨットのことで、全長二・三一メートル、全幅一・一三メートルの小型ヨットであり、国際的に一五歳までの子供の乗船が認められている。
＊21　二〇一四年の葉山町教育委員会資料と、同年七月一一日に葉山町セーリング協会会長代行の井上義朗氏と行った面談による。

【参考文献】

語り、三角しず　聞き書き、福山棟一（一九九一）『日影茶屋物語』かまくら春秋社。
葉山元町のサイト（二〇一四）、www.hayamamotomachi.com/guide/detail.html
松田菊雄（二〇〇六）『近代ヨット発祥の地、葉山』ヨット体験講座資料。
石原慎太郎（一九九七）「海という人生の光背」、『かまくら春秋』三二七、かまくら春秋社、一五頁。
田中富（一九八四）『ふるさと歳時記（一）』葉山町、一七～一八頁。
福谷清（二〇一四）『葉山港とヨットのあゆみ』hayamayc.jp/gallery/oldgallery/shinkouizen.pdf
矢嶋三策（二〇一四）『葉山元町商店会の歴史』hayamamotomachi.com/history/index.html
原田保、片岡裕司（二〇〇九）『顧客が部族化する時代のブランディング』芙蓉書房出版、一二頁。

第五章
自然溢れる歴史的・文化的な町
―御用邸をシンボルにした高質な暮らしの場の追求―

関口　之宏

はじめに

葉山というゾーンには、温泉とか、砂丘とかの特別なトポス（価値の独自性）を持っていない。第一章で述べたように、葉山の基本となるトポスは美しい自然と御用邸であるが、古くからの宿場や憩いの場としての性格も備えていた。その場で必要になる高質なサービスは、その都度向上させさまざまな新たなトポスを作り出して今日に至っている。それらが今日、海陸のレジャーであり、高質な食の提供であり、豊かな生活の場であり、総合して葉山らしさという強力なブランドを形成している。そして、この伝統は脈々と現在に引き継がれているのである。

とくに、御用邸を起爆剤として明治から昭和初期にかけて創られた別荘時代も、自然環境はもとより、それ以前からのサービス心、要請への対応能力等が大きなブランド力となっていたのである。第2節で詳述するが、この能力は葉山独自に培われた特有のものであり、平成の世になり、車社会になっても衰えず、社会の新たな価値観を敏感に捉えてゾーンデザインに対処しているのである。それが、従来の迅速、成果、経済効果を重視してきた社会観念からの脱却であり、高質、プロフェッショナル、スローライフ、そして自己実現といった葉山スタイルの確立であった。この章では、葉山がもつ強力なトポスの成り立ちと、環境変化に対する対応状況をトレースするとともに、町の産業振興課という観点から、将来へのデザイン指針を検討してみたい。

1．葉山の性格を決定づけた明治から昭和初期

いろいろなところで初対面の人と挨拶を交わす時に、出身地を訊かれる場合がよくある。葉山であることを回答すると「いいところですね」と言われることが多い。これには、前述したような特定のトポスやコンテンツを指してはいない。たとえば、「×××レジャーランド」とか「○○城」とかを指している訳ではないのである。強いて言えば、気候温暖で風光明媚なことが挙げられるが、このような場所は葉山に限ったことではない。また、御用邸がある町も葉山以外に二ヶ所ある。したがって、これらが個別に特別光っていることにはならない。

気候に関しては、天気予報のデータで東京と葉山の気温を比較すると、たしかに差異が出ているのである。両者の晴れている日を比較すると、葉山は夏が涼しく、冬は暖かいことが明確になっている*1。景色は、相模湾を眺望でき、しかも晴れていればその後に富士山を眺めることもできる。そして、葉山に両陛下をはじめ皇族方やハイソサエティな人々が来られる。このような状況は、前述の明治から昭和初期の

御用邸や別荘、行幸道路が造られた時代に形成されたものである。これらのコンテンツが基盤となって、そのうえに葉山的文化や葉山的生活が成り立っているのであり、これが「葉山はいいところですね」と言わせる理由になっているのであろう。すなわち、葉山という立地条件と御用邸を中心とした別荘文化を取り入れた葉山独特のコンテクスチャーが育まれ、今日の地域ブランドとして人気を博しているのである。なお、コンテクスチャーとは「風合い」とか「肌ざわり」といった感覚的な要素のことである。

（1）皇族とハイソサエティの織り成した葉山の風合い

第二章で詳述されている医師のベルツ博士と外交官のマルティーノ公使は明治の初めに、葉山が保養地として最適な地であることを提唱した。このことがその後の葉山を大きく変える要因となる。周知のように、近代国家を目指して明治期に開国を進めた日本には多くの知識人が西洋から招かれている。ベルツ博士とマルティーノ公使もその中の人であった。

この当時、招聘された西洋の知識人の影響力は大きく、御用邸や皇族の別邸、富裕層の別荘が増えてゆき、その傾向が昭和初期まで続いたことが要因となって、現在の葉山的文化が育まれ現在の町民の自覚にまで高まっていると筆者は感じている。このような功績をたたえ、一九三六年（昭和一一年）に町は森戸大明神の境内に上記二人の顕彰碑を建てている。現在、この顕彰碑は葉山町の文化財に指定されており、現在でもこの二人に対しては「葉山の父たち」として敬愛の情を示している*2。

もちろん、この二人も葉山に別荘を建てて、よく利用していた。当然地元の人たちとの交際も多くあり、その町民たちは西洋の文化を直接肌で感じているのである。また、この二人の影響からハイソサエティに属する外国人も葉山に別荘を持つようになったが、それ以外にも外国人のために「平山ホテル」が建てられていた。葉山町企画課（一九八四）によれば、このホテルは一八九三年、すなわち御用邸のできる一年前に建てられ、かなり繁盛していたようである*3。それだけ多くの外国人が葉山で静養、保養していたのであり、この人たちも海水浴やボート遊びを楽しんだであろう。そして、日本人と同様に町中で飲食やゲームなども楽しんだはずである。たとえば、柳沢光二（二〇一四）の書籍に掲載されている「葉山森戸倶楽部」の写真中には英語で書かれた案内板が写っている。したがって、意外と多く葉山の人たちはこれらの外国人と言葉を交わし、西洋文化の影響を直接受けていたものと思われる。

葉山郷土史（一九七五）に下記のような事項が記されている。まず、ベルツ博士とマルティーノ公使の影響もあって一八九〇年には有栖川宮が、一八九三年には北白川宮が各々別邸を建てられている。そして、一八九四年に葉山の御用邸が竣工し、一九一四年には東伏見宮の別邸が完成されている。その後、昭和に入った一九二九年には秩父宮が別邸として田口儀三郎の別荘を譲り受けている。これらの皇室や宮家の方々が葉山を訪問される場合、その関係者も来訪することになる。したがって、それら関係者のための宿泊先も必要になるのであり、前述の「日影茶屋」や「かぎ家」などの旅館が使われた。これらの人たちと町民は生活空間としての交際があり、ここからも高い教養を感受したのである。皇族、皇室さらにその関係者から受けた高質な文化は今日の葉山的コンテクスチャー（風合い）として継承されていると言えよう。

これに合わせて、当時の爵位をもつ人たちを始めハイソサエティな人々の別荘や住居が葉山に林立する。そのピークは一九三四年頃であり、名士とされる人の別荘は四八九戸であるが、現住者所有数を含めると二〇〇〇戸を越している。これらハイソサエティのなかには各界の名士が含まれているが、明治時代に葉山に別荘を持たれた爵位家だけでも、池田徳潤、秋田映季、井上毅、高崎正風、金子堅太郎、高橋是清、岩倉具定、栗野慎一郎、團琢磨、伊東佑亨、山本権兵衛、桂太郎、林董、北里柴三郎、近衛篤麿等の諸氏がおられた。

それに加えて財界人、軍人、文化人等とその家族、関係者を含めると葉山に滞在したハイソサエティは多数に上ることが理解されよう。さらに、一八八九年になると横須賀線が大船と横須賀間に開通し、その間に逗子駅が建設され、葉山へのアクセスは楽になっている。また、逗子から葉山までは乗合馬車や人力車が使われたが、一九三〇年になると乗合バスが開業したため乗合馬車は廃止されている。この波はその後も絶えず、昭和にかけて葉山在住もしくは別荘を持つ名士が増え続けている。このような環境の中で葉山は、その人たちの要求を実現しつつ、その文化の影響を受けて独特のゾーンデザインを確立していったと言えよう。

（2）葉魂外才

最近あまり使われなくなった言葉に「和魂洋才」という言葉がある。この意味は「日本古来の精神を大切にしつつ西洋の技術を受け入れ、両者を調和させ発展に繋げていく」という意味に使われる。開国当時の日本人の多くがそうであったように、葉山に別荘を構えた人々も強くその精神をもっていたと思われる。それは、前述のようにこれらの人たちが当時の社会の各方面でリーダとして活躍していたからである。すなわち、西洋を理解し、何らかの形で日本の近代化に功績のあった人たちだったのである。それは政界、財界、学界、軍関係、芸術界等々に及んでいる。

この人たちによって築かれていく新しい日本社会の急激な変化のなかにあって、葉山の人たちは葉山の古くからの精神を保持しつつ、葉山に別荘を構えた人たちから西洋化の影響を受けて独特のライフスタイルを築いていったのである。このような努力をまさに葉魂外才とよびたいのである。自然に対する崇拝の念、人々の絆の大切さ、町を愛する気持ち、最高のものを作り上げる匠の習慣は現在も変わっていない。森戸大明神をはじめとする神社のいろいろな祭、商工会や町内会の活動、体育や文化活動、海辺をはじめとする清掃活動等は皆、古き良き葉山の精神であり、他から転入してきた人たちがこの輪に多く参加しているのも葉山の特徴であろう。

このような葉山精神のなかに、いろいろな進んだ技術や制度が流入し、それを受け入れつつ、新時代に対応する製品やサービスを作り出し、ブランド化することに成功している。御用邸が完成し、横須賀線が開通すると当時の国鉄「逗子駅」から御用邸までが行幸啓道路となった。これは、多くを海岸に沿わせた道であり、乗合馬車や人力車という従来なかった交通機関が取り入れられている。一九三〇年になると新たに国鉄「逗子駅」から御用邸までを直線的につなぐ幹線道路(国道一三四号線)ができたが、町民の多くはこれを「行幸道路」と皇室への敬愛の情をもって呼んでいる。この道ができたことから、逗子との交通に乗合バスやタクシーが導入され町の発展をもたらし、現在の町民にとってなくてはならない道となっている*4。

また、外部からの利用者によって要請されたライフスタイルもいくつかある。そもそも御用邸、別邸、別荘というものは私的な場所であり、プライバシーが保たれてこそ価値があるものと言えよう。すなわち、ここまでこられて周囲に気を配るようでは気が休まらないし、保養にもなどならない。このため、町民は相手の方が接触してこられない限りよけいな親切や会話は控えることを習慣づけられている。それによって、来訪者ものびのびと葉山生活が楽しめるのである。

したがって、現在でも両陛下をはじめ皇室の方々は、いわゆる「お忍び」で海岸や山歩き、あるいは町内散策をされておられる。第二章でも触れたように、そのなかで自然と町民との触れ合いの時間を過ごされておられるのである。カメラのシャッターをやたらと押したり、話しかけたりするのはたいてい観光客や外部からの来訪者に多い。町民は、そのような光景を目にすると「お気の毒に」と心の中で思っているのである。皇室以外の有名人についても同様であり、葉山に多くの著名人が住んだり、別荘を持ったりするのはこの葉魂の親切さに惹かれるためでもあろう。そのような町民と来訪者との自然な触れ合いは往時から生活のなかで行われていたのであり、これも少なからず葉山的雰囲気を形成する要因となっていよう。

西洋風建築物とともに日本に入ってきた西洋文化が、東京と横浜を経由して葉山に広がった。このことが基となって、現在の葉山らしさの原点が形成されたとみてよいであろう。その西洋文化のなかに食文化が含まれている。皇室やその関係者、著名人とその家族等が求めた西洋風の食材や料理の多くは地元で当時生産されていなかった。しかも、現在のように物流や保存技術が発達していた訳ではなかったので、新たに、葉山で生産し、供給することになったのである。これらの要請については、各商店や農家、漁師たちの「ご用聞き」へ伝えられている。すなわち、葉山の「ご用聞き」は、新たな文化に対応するための情報伝達役を担っていたのであり、大きな役割を負っていた。

その例として、牛乳と野菜のクレソン＊5が挙げられる。食の西洋化によって、新たに需要が生じたものであり、いくつかの農家が乳牛を飼育したり、野菜を栽培したりしたものである。その後、社会情勢や環境の変化が原因でこの二つは姿を消すが、やがて、葉山牛やルバーブ＊6を始めとする西洋野菜といった少量だが高品質なものに姿を変えて、ブランド化に繋がっていく。

このような新たな西洋の食文化を実現するために、町内の多くの農家や商店等が努力して今日にいたっている。この伝統は、葉山にさまざまな食品を産出させているが、その内のいくつかは第二章と第三章で紹介されている。その他にも町内に多くある自家製ベーカリも各店舗独特のこだわりをもっており、スーパーマーケットやコンビニ等にならぶ大手ベーカリに引けを取っていない。食文化に限らず、各人が最高のものを求める葉魂外才の心は現在へと引き継がれていると言えよう。

2．御用邸を意識した緑と海の町づくり

葉山では、同様の自治体と比較して官民とも御用邸を前面に打ち出してブランディングを殆ど行っていない。しかし、葉山的レイドバックな文化は御用邸がバックボーンにあって初めて成り立っているのである。最近は、日本の多くの学校教育の中で皇室に関してはほとんど触れられていないらしいし、その教育を受けて育った親たちもあまり関心をもっていないように思われる。これは御用邸をブランドのバックボーンとしている葉山の将来にとっても由々しき問題といえようが、この筆者の心配が無駄なものであった。このことに関しては後述する。

また、日本はＧＤＰ（国内総生産）を上げるために必死に働いてきたが、二〇〇九年に世界第二位の座を中国に譲った。それでも努力の甲斐あってわが国は国土や地下資源には恵まれていないが、その後二〇一四年予測値まで世界第三位に位置している。これはこれで大いに評価すべきものであろうが、あまりに規格化、迅速化、正確化といった合理主義を進めすぎたのではなかろうか。そのため、このことへの反省期に入っていることも事実であろう。この生活への価値観の変化に対して葉山はどのようなコンセプトの下に地域デザインをしたらよいのか考えてみたい。

（1）社会が感じる御用邸と葉山

マスメディア等によって、葉山が紹介されることは多くに上る。そのなかでも、天皇皇后両陛下をはじめとして皇族の方々が年に何回かは葉山にお出でになられる。地元では、多くの人が今でも行幸、行啓、御成りという言葉で歓迎の意思を現しているが、この静養のご様子はその都度テレビ等で全国に報道されることになる。この報道では、滅多にみることのできないプライベートなお姿と町民との触れ合いの場が多くみられる。そして、そのなかには葉山の景色と名前が全国に発信されるのである。

また、他の自治体で皇室を扱う内容を報道する場合に、町の広報担当へ報道の仕方についての問い合わせがある。たとえば、「皇室の方がお出でになるので、写真に撮って広報誌に掲載してよいのであろうか」といった類いのものである。もちろん、葉山では、時々写真や記事にしている旨を回答するが、実際に皇太子ご一家が御用邸の外で散策され、町民と歓談されておられる写真を「広報はやま」の表紙等に掲載した。葉山では、それだけ皇室とは日頃から自然に、かつ無意識に、敬意を込めて接することに慣れているのである。他の市町村においては、このような皇室との機会はめったにないのであろう。そのような時に、葉山は御用邸の町であったことに気付かせられた感があり、これが葉山町民に誇りをもたせる要因になっているのであろうと考えられる。

このように、御用邸は葉山に住む人にとって、知らない人はいない。もちろん、多くの国民も葉山町民と同様に御用邸の存在を承知していることと思われる。しかし、葉山以外の地域に住む今日の若者には御用邸の地名度が低いのではないかと感じたことがある。筆者の経験を紹介すると、数年前、埼玉県の鉄道沿線に住む青年との会話で感じたものである。筆者の出身地の話題になり「葉山」であることを告げたところ、相手は「狭山」でないかと聞き返してきた。葉山、そして御用邸を知らない可能性もあると感じ、確認した。結論はやはり残念ながら、その青年は理解していなかった。そこで、それを機に、その場に居合わせた数人の青年に同様の質問をしたところ御用邸を知らない人がほぼ全員であることが確認された。そのような感想を持っていた数年前、テレビ東京の「出没！アド街ック天国」という番組が放映されていた。その内容は、テレビ局が取り上げた地域の象徴的な三〇ヶ所をランク付けして、その魅力を紹介するものであった。この番組に葉山が取り上げられたことがある。町内の有名店や名所三〇ヶ所が下位から紹介されていき、一位が御用邸でこの番組は終了していた*7。

この番組の制作関係者や視聴者のすべてが若者であるとは考えられない。しかし、決して高齢者だけの意見で、この順位が決まった訳でもなかろう。そう考えた結果、やはり御用邸の存在は若者を含めて社会で未だ健在なことが理解された。筆者が冒頭で示した不安は解消されたとみてよいであろう。このように全国民からみて御用邸の理解が有る限り「御用邸の町葉山」も健在なのだと考えられる。

（2）新たな社会感覚を捉える葉山ブランディング

我々はビジネスを中心に合理性を求めて論理的に、合理的に、正確に、そして迅速に事を進めるよう努力してきた。その努力の甲斐あって前述のとおりＧＤＰ世界第三位に位置している。その慣習は、私生活をも極めて忙しくしていることに繋がっていると言えよう。経営情報学会（二〇一〇）がまとめているように、現代社会で情報システムは業務の効率化、省人化、省力化による経営効率の向上に効果を示しており、具体的には事務作業や製造現場の自動化を進めていったのである。

これは、一般事務職と生産作業員を減少させるとともに、それに代わって専門職等の知識労働者を増加させるものであった。そして、多忙ななかでの頭脳労働は、それに適していない者にとってストレスを感じさせる危険が潜んでいると言えよう。すなわち、今日の社会は頭脳労働の増大とともにストレスが溜まり易い環境でもあると思われる。このようなストレス社会＊8のなかで、心の癒しのためのスロースタイルを求める人も増えてくると予想される。

すなわち、多様化する生活スタイルのなかではじめから趣味重視の生活を求める人もいるであろうし、多忙なビジネス生活をリタイアされて憩いの場を求める人もいるであろう。したがって、これらの人たちを受け入れる地域ブランディングも求められてよいのではなかろうか。幸い、御用邸に代表される別荘文化の町である葉山は、効率を優先させていないので、ストレス社会の中では最適地であると言えよう。

鉄道駅のないのが強みである町

各市町村には総合計画があり、何年かに一度は見直しが行われる。葉山町でも例外でなく、近年では二〇一四年にその見直しを行っている。見直しの一環として町民ワーキンググループ＊9を開設し、その場で多くの町民の声を集約してまとめられている。その作業過程で、葉山の強みと弱みを提示してもらい、さまざまな意見を収集している。これは、参加者が付箋に意見を書く形式であったが、町内に鉄道の駅がないことについては「強み」と回答した者と「弱み」と回答した者とが混在していた。「弱み」が圧倒的に多く出されるものと予想していた委員会として意外な結果であった。この結果は、町民の考え方として貴重な意見であった。

従来の利便性や住みやすさを求める考え方からすれば、鉄道の駅のないところより鉄道の駅のある方を選択したであろう。わが国の高度成長期からバブル期までは、より多く、より大きく、より速く、より便利に、を追求してきたともいえ、その点からすれば鉄道の駅のある地を選ぶと思われた。

葉山で生まれ育ち在住している筆者自身も若い頃は、バスに乗らずに直接電車に乗ることができたらど

三ヶ岡から御用邸、一色海岸、長者ヶ崎海岸を望む（葉山町提供）

んなに快適だろうかと思っていた。しかし、予想に反して葉山の多くの町民は自ら選択して、鉄道の駅までバスに乗ることを選び、そこに価値を見いだしているのである。快適な生活が得られるはずであった駅前という手段が、その喧騒さをはじめとして生活の快適には結びつかないと感じる町民が多い。少なくとも、今回の調査結果ではそれが示されていた。そして、そのような葉山の土壌の上に、同じ考えをもった人たちが新たに転入してきており、結果として急激ではないにしろ人口を増加させてきたのである。ただし、二〇一四年は微減しているが長期的な傾向になるのかこの段階では判断できない。

　このような土壌は、マルティーノ公使やベルツ博士がこの地を最適な保養地として提唱されて以来、培われてきた。もともと仕事の場ではない御用邸や別邸、別荘が建てられて今日に至っており。その当初から、すでに機能性を優先した町造りはしていなかったのである。

　葉山町に身近な鉄道である京浜急行電鉄について触れておく。同社の社員である芹沢康彦（二〇一一）によれば、「以前には葉山まで鉄道を延伸する計画もあり、また過去にはさらに三浦まで伸ばして三浦半島を環状する計画もあったと聞いておりますが、諸般の事情により計画は中止となり、逗子までの現在の形になっております。」とある。これは、町民の間で伝えられている、戦前に葉山へ延伸する計画があったということを指しているものと思われる。

諸般の事情は不明だが、もし葉山に京浜急行電鉄が延伸し町内に駅ができていたら、海水浴客をはじめ多くの観光客にとって便利になっていたものと思われる。しかし、多くの町民は湘南海岸のような賑わいを望んでいなかったようである。当時から便利さや迅速化が生活の快適さや町のよさには結びつかないことを町民の多くが知っていたと言えよう。

このように、町へのアクセスが多少悪いことは事実であるが、一方それより人の流れが緩やかになり、それが急激な変化を抑制したと考えられるのである。すなわち、これが、鉄道駅のある他市にはない別の魅力を葉山は保つことに繋がっているのであろう。

葉山町独自の産業振興の確立へ

わが国の市町村数は一七四二であり、昭和期の約三三〇〇ヶ所に比較すると半減している。そのなかで、葉山は一八八九年に六村が合併して葉山村になって以来、単独の道を歩んでいる。この間、近接市との合併はいくどか話には上ったことがあるものの、正式に合併が検討されたことはない。これは、多くの町民が少々効率的でなくとも、従来の葉山らしさを残し、育むことを望んだ結果であった。

前述した葉山町の総合計画には、観光振興の部分を検討し、その内容を掲載している。通常どこの総合計画でも観光振興の内容が掲載されている。その内容をみると、多くはいかに多くの人に来てもらい、多くの経済効果をもたらすかが主眼となっている。しかし、葉山町では、その尺度を使わないことにしている。もちろん、観光を振興させることは葉山でも重要な施策であるが、決して薄利多売型の観光は望んでいない。そこでは、ゆったりとした高質な観光を提示したのである。たとえば、ヨット遊びやクルージング、ゴルフ付きの宿泊や夕映えの富士を眺めながらの夕食等の推薦である。

また、地産地消から地産他消を進めることに主眼を置き、

- 葉山牛やその他特産物の振興と開発（第三章参照）
- 野菜や魚介類を販売する朝市（第六章参照）
- さらに農業、漁業、商業の連携による振興

を進めようとしている。これらは、いずれも葉山らしさを醸成することに重点を置くものとなっている。すなわち、近隣他市と競合するような視点はもたず、葉山独自の価値観を守っていくなかで付加価値を付ける視点に立つのである。

この考え方によって、豊かな山海の自然までを含めた町民の住環境を維持した上での、葉山独自の産業振興を確立することにしているのである。このような観光振興、産業振興によって、常連の観光客を増やすとともに、いつかは葉山に移り住みたいという人が増えることに繋げたいのである。

朝市に並ぶ海の幸

高質な自然の芸術

幾度も述べてきたように、葉山町には至る所に自然の景観があり、これが町の魅力となっている。しかし、町民にとってこのような町内の景観は日常そのものであり、その素晴らしさに気がつかないことがあ

る。よく、「失って初めてその素晴らしさに気付く」といわれるのもこのようなことを指すのであろう。町興しの場で最近よく言われることに「外の目」という言葉がある。地域のよさは「よその人」の方が分かるという意味である。もちろん、すべてではないが指摘されて初めて気付く場合もあるのである。

このような、住民にとっては何気ないものでも、よその人から見れば価値のあるものであれば町興しの材料になりうることもある。そのなかには、手を加えることによって価値が増すことも考えられるが、葉山の場合はその多くが現状のままで価値のあるものとなっている。それらは、何か無理に手を加えることなく、そのままの状況について情報発信すれば観光振興に繋がるのである。葉山の海岸は、日常のなかでは当たり前の風景として受け入れているが、海のない地域や都会から来た人たちが受ける感動はとても強いものと言われている。

ダイヤモンド富士と観光客（葉山町提供）

西側に海岸と富士山を有する葉山においては、以前から海と夕日と富士山は写真愛好家に対して格好の題材を提供していた。そのため、役場へは日没時刻の問い合わせが後を絶たない。そのようななかで、住民があまり注目しなかったものの一例として、ダイヤモンド富士がある。葉山では、近年注目されるようになったものであるが、そもそもダイヤモンド富士とは、富士山の山頂に日の出、日の入りが重なることをいう。葉山においては、富士山は西側に位置するので、日の入り時にこの現象が起きることになる。具体的には、四月八日ごろと九月二日ごろにダイヤモンド富士がみられることになる。国土交通省関東地方整備局のウェブサイトには「富士山と光り輝く太陽が織りなす光景は、まさに自然の芸術といえます。」と紹介されていた*10。

もちろん、この現象が近年に始まったことではないが、富士山が世界文化遺産に登録されたこともあってか、写真愛好家をはじめとした多くの人の注目を集めるようになっている。このため、産業振興課においても町のウェブサイトに情報提供を行うとともに、写真を掲載している。このような活動は、地域のブランディング活動に欠かせない新たなコンテンツの発掘に繋がるものと考えている。

別荘跡地の時は流れて

先にも紹介した皇室の別邸の他、多くの名士の別荘は第二次世界大戦後の情勢変化によりその姿を変えている。まず、多くの別荘が敷地の広さや庭園の美しさなどの好条件から企業の保養所に変化した。これは、一九六〇年代からの海水浴やヨット遊びなどに象徴される新たな「葉山らしさ」の創出に貢献している。このなかには、別荘をそのままの姿で使用したものもあるが、鉄筋コンクリートに姿を変えたものも多かった。

さらに、近年になると社会情勢の変化から再びその姿を変えている。繁栄を誇った企業の保養所が姿を消していったのである。幸い、多少の不便はあるものの東京や横浜等への通勤が可能であったことから多くの保養所跡地は集合住宅や戸建て等の住宅に建て替えられていった。こうして、残念ながらさらに名士たちの別荘は姿を消している。

このようななかでも、町民の自然な振る舞いや価値観によって地域の自然や文化的土壌が守られたことは葉山のブランドを高めることに繋がっているのである。このなかで、今日、一見すると何の変哲もない普通の風景や店舗がその地の歴史と結びつくことによって大きな価値をもつものもある。これは、どこの地域であっても言えることであろうが、葉山にもそのような場所や建物が多くある。とくに、第一節で掲載したように皇室以外にも爵位をもった多くの人や各界の名士が名を連ねている。

これらの多くの著名人とその関係者が町の文化を高めていったことは間違いないことであり、数は少なくなっているがその場所や建物が現存している。これらの一部は貴重な場所や建物を町民の暮らしの質の向上のために役立てている。同時に、前述したようにこれらは独自の高質な観光資源としても活用できるものである。たとえば、左記のような場所や建物があげられるが、これらはほんの一部に過ぎない。

・三笠宮別邸跡と御用邸付属邸跡：葉山しおさい公園
・秩父宮別邸跡と高松宮別邸跡：県立近代美術館
・東伏見宮別邸跡：修道院および幼稚園
・桂太郎別荘「長雲閣」跡：レストラン
・金子堅太郎別荘跡：一色公園
・山口蓬春別荘跡：山口蓬春記念館
・小村寿太郎別荘跡：小村寿太郎終焉の地の碑
・伊東峯雄別荘跡：料亭

この例で分かるように、特に近代史の愛好家にとっては格好の散策コースとなっており多くの人たちにとっても興味あるものと思われる。近代史以外にも、さらに歴史を遡れば源氏や北条氏等の逸話と結びつけた場所があり、現代史に目を向ければ「太陽の季節」との関連場所が浮かんでくる。このように、現在の場所や施設と歴史的情報を結びつけることによって、御用邸を意識し、かつ自然を残した地域ブランデイングの柱がみえてくるのである。

おわりに

葉山町は、明治以前の地域的土壌の上に、幸運にも、幾つかの偶然と必然が重なり西洋文化の流入が起こった。その頂点に据えられる御用邸が葉山に一八九四年に造られて一二〇年が経過した。そこには、それまでに町民が経験したこともない西洋人や日本のハイソサエティ層が別邸や別荘という形で入り込み、最新の生活習慣を求めてきたのである。

しかも、別邸や別荘という場でそれらの人たちは長期滞在しながら静養したり、保養したりして疲れを快復させたのである。また、その間に太陽を浴びながらマリンレジャーを楽しみ、山野の散策を楽しんでいる。しかし、いくら自然が豊かであっても、そこでの生活が不便であっては別荘町としての繁栄はあり得ない。はじめは葉山の農家や漁師たちが「ご用聞き」として別荘を回り、必要食材を提供していた。そこでの応対態度は極めて重要であったはずである。両者の関係が良好であったことから、スムーズな情報交換が行われ町民は徐々に新たな文化を取り入れていったのである。

このなかには、食材のみならず、新時代の生活用品や生活様式も葉山に求められた。これらについての対応はこの章のなかで紹介した通りである。そして、静養や保養に訪れた人たちへの心遣いも学んでいった。この内容は、サービスよりもホスピタリティに近いものであったろう。これがあったからこそ、両陛下をはじめとして各界の著名人が葉山に別荘を持たれたのである。この文化は、葉山の町民自身にも影響を与え、豊かな自然のなかでの非日常的なモダン生活を選択しているのである。この経緯についてもこの章で触れておいた。

その結果、美しい山の緑と海の青さが残されている上に、おしゃれ感覚が味わえる魅力があるが、多くの観光客を呼び込むことには町民は否定的である。葉山にはこのような独自の価値観があり、一例が前述した鉄道の駅に対する考え方に現れている。したがって、葉山には大きな産業、とくに工業は発達していない。しかし、多くはないが社会に誇れるいくつかのブランド品を生み出している。これらのなかには、地産地消の域を出て地産他消や他産他消にまで発達しているものもある。そのコンテンツの種類は、食品、飲食店、マリンレジャー、ゴルフ、文化活動等、多種にわたっている。したがって、これからの地域デザインに係る者としては、これらのバランスを取りつつ葉山のブランド力を強めていきたいと考えている。

また、その結果この独特の文化やライフスタイルをもつ葉山を訪れたり、気に入って転入される人達が増えることに繋がればと願っている。

＊1　一月二六日の最低気温、八月五日の最高気温の比較。気象庁の過去の気象データを(http://www.jma.go.jp/obd/stata/etrn/index.php?sess=6ef525a9cdef28cea634ce58ca736e68)と葉山消防本部の気象月報を比較したもの。

＊2　葉山町観光協会のパンフレットによる。

＊3　「平山ホテル」は葉山町企画課（一九八四）の資料によると大阪商船勤務のルイス・ユングによって建造されたもので、日本人も利用している。また、柳沢光二（二〇一四）によれば、このホテルは外国人向けの宿泊保養施設であったとしている。

＊4　行幸とは広辞苑によると「天皇が外出すること」であるから行幸通りとは、天皇が外出するとき使用する道路のことになる。ちなみにインターネットによると、行幸通りは東京駅丸の内口から和田倉門を結ぶ東京都道四〇四

号皇居前東京停車場線(bligs.hayoo.co.jp/minominofx66/10929999)と、ＪＲ横浜線の町田駅から在日米陸軍キャンプ座間（旧陸軍士官学校）までの七キロの道(www.snsagami.org/hyakusen/e_mi/gyoukou/gyoukou.htm)がある。ただし、両方とも現在は行幸に使われていないので、皇居近隣の道以外で両陛下はもちろん皇室方が毎年利用されているのは葉山のこの道だけと言えよう。

＊5　クレソンはアブラナ科の多年草。ヨーロッパ原産。辛みがあり食用（広辞苑）。

＊6　ルバーブは、タデ科の多年草でシベリア南部原産。酸味があり食用（広辞苑）。

＊7　アド街ック天国のホームページ http://www.tv-tokyou.co.jp./travel/adomachi/ 20110730.html

＊8　内閣府では「現代社会はストレス社会とも言われるように、多くの人がストレスにさらされながら生活を送っている」と認識している。www5.cao.jp/seikatsu/ whitepaper/h20/01.../html/08sh010302.html

＊9　町民ワーキンググループとは、町が設置したもので町の将来像を話し合い、総合計画の基本構想策定の参考とするものである。二〇一三年四月に満二〇歳以上の町内在住者一五〇〇名を対象に参加依頼文書を送付し、五〇人のメンバーを選出したもの。

＊10　国土交通省関東地方整備局のホームページ　www.ktr.mlit.go.jp による。

【参考文献】


葉山町企画課（一九八四）『ふるさと歳時記（一）』葉山町、一三一～一三二頁。

柳沢光二（二〇一四）『葉山にて』用美社、七一頁。

葉山町企画課（一九七五）『葉山郷土史』葉山町、八五、九二～一〇七頁。

芹沢康彦（二〇一一）、http://www.hayama-rc.jp/rotary/HO080821Inet.do?cd=35 &year=2010-2011（2014.12,10閲覧）

第六章　葉山型「共同店舗」の実現と提言
―コンテンツの結合とネットの活用戦略―

立川丈夫・立川大和

はじめに

葉山町には、鉄道の駅がない。したがって、商業の中心になる「駅前商店街」という概念は存在していない。また、それに代わる大きな中心街も存在していない。これは、既に述べてきたように、葉山がいくつかの地域から成り立っている歴史的経緯からきているものである。そのため、町民は日常の買い物も外食も町内に分散されている店舗の利用が中心となっている。

また、鉄道の駅がなかったことから町内での町民や来訪者の足はもっぱら自動車が中心となっている。とくに、公共性の強いバスやタクシーは古くから発達していた。その中でも大正時代から多くなった別荘の人たちが、鉄道駅から別荘までの移動手段や観光等での利用にそれらの乗り物を多く必要とした。一九三〇年（昭和五年）に行幸道路が開通したのに合わせて路線バスが開通している。それによって、乗合馬車は廃止された*1。

時代は変わり、第二次世界大戦後のわが国経済の発展はモータリゼーションをもたらした。そのため、全国的に自家用車が普及した。それは葉山でも例外でなく、町内でも自家用車をもつ人は増えている。そのため、現在では生活のための移動手段として自家用車が中心を占めている。さらに、葉山への来訪者の多くも鉄道やバスの利用から自家用車利用に変化しているのである。

このような状況の中で、葉山町商工会では独特なコンセプトをもつ「共同店舗」の構想を実現しようとしている*2。この構想は現在流行の「道の駅」とは概念的に異なるものであるが、「道の駅」の利点のいくつかは包含されている。とくに異なる点は、「道の駅」のターゲットが道往く自動車のドライバーを主としており、住民を従としているのに対し、葉山の「共同店舗」のターゲットが住民を主とし、ドライバーを従としている点である。

「道の駅」が地産地消と地産他消に有効な手段であることは多くの事例で明らかになっている。それ故、二〇一四年四月現在、「道の駅」は全国で一〇三〇ヶ所に達しているのである*3。葉山町が「共同店舗」を開設する場合、これらの事例のなかに利用できる情報が多く含まれていることは確かである。それは多く得られる前例を参考にしつつ、葉山というブランドを考慮して、その特徴を生かせば「共同店舗」にも十分な成功の機会が得られることを意味する。

関満博と酒本宏（二〇一一）によれば、「道の駅」には、左記の三つの方向があるという。それは、

・一番目が直販所・加工品販売機能を高める方向
・二番目が地域ブランドづくりを目指す方向

・三番目が観光交流拠点を目指す方向

である。そして、これらの方向に「道の駅」を進めるためには農産物や海産物の直売所、加工品の販売、自産地消のレストランの三点セットが必要になると説明する。

これを葉山の「共同店舗」に当てはめると上記の三方向と三つのセットは実現可能であり、かつ有効に活用出来よう。さらにそれを踏まえつつ、下記の考慮が必要になってくると思われる。地域ブランド化を考慮したコンセプト、それに合ったロケーション、共同の店舗デザイン、コンテンツ内容、そして「共同店舗」内でのコンテクスト作り等である。すなわち、それらを実現するための葉山に合わせた総合的デザインと運営内容が必要になるのであり、その創造と創作が鍵となってくるのである。

また、今日の情報社会においてはネット上に市場を求めることも避けては通れないはずである。すなわち、前述した「共同店舗」を実（リアル）空間のものとして重視するとともに、仮想（バーチャル）空間での「共同店舗」も重視していくことが求められよう。ネット上の「共同店舗」でも、概念付けから運営内容までを十分に検討すれば、リアルの世界とは異なったネットの利点が得られるからである。ネットを活用した「共同店舗」、すなわちウェブ商店街では、とくにサイトの概念付けとそれを基にした内容、すなわちコンテンツやページの関連付け（コンテクスト）が重要になってくる。

現在、葉山町にある個々のコンテンツの多くは個別のウェブサイトとして展開されているが、それらを一つの仮想空間に集約したいのである。そうすることによって利用者は現実の『共同店舗』と同様にショッピングや顧客間のコミュニケーションが端末上で楽しめるからである。さらに、ネット上のウェブ商店街を開設すれば、全国的規模の地産他消が行われる上、英語版を準備すれば全世界的な地産他消の展開も可能にするのである。

1．人の絆による「共同店舗」の開設

前述のように、葉山町はいくつかの地域から成り立っている。したがって、これまでの章で述べられているように、多くのコンテンツは一つの商店街に集中されることはなく、町内に散りばめられている。これらのコンテンツを製造販売している商工業を束ねているのが葉山町商工会である。

そして、現在、この会は葉山町との共同事業として散在しているコンテンツを一つの地域に集合させる取り組みを進めている。正式名称は「葉山南郷地区活性化事業」と呼ばれるが、一般には「共同店舗」と呼ばれている。この取り組みは、葉山町商工会（二〇一四）によって概念、概要、ねらいがまとめられている。以下、この順番で概説しながら地域デザインとの関連を明らかにしていきたい。

（1）「共同店舗」の概念

この「共同店舗」には二つの目的がある。一つは、地域住民のための買い物を主体としたコニュニティの場であり、もう一つは葉山を訪れるドライバーのための憩いの場である。

まず、はじめの概念である「地域住民のための生活利便拠点」を重視したことには以下のような理由がある。すなわち、現在、葉山北部に住む住民にとって、主たる生活品は逗子市に依存している。これは、この地域の住民にとって葉山へ買い物に行くよりも、バス便や自家用車で逗子市へ出た方が便利なためである。その主因として、葉山町には商業集積地のないことと町内を循環するバス路線のないことが挙げられる。

葉山町商工会の統計によると年間小売販売額のうち、特化係数は六二％となっており、町民の三八％が

図表1　共同店舗の役割

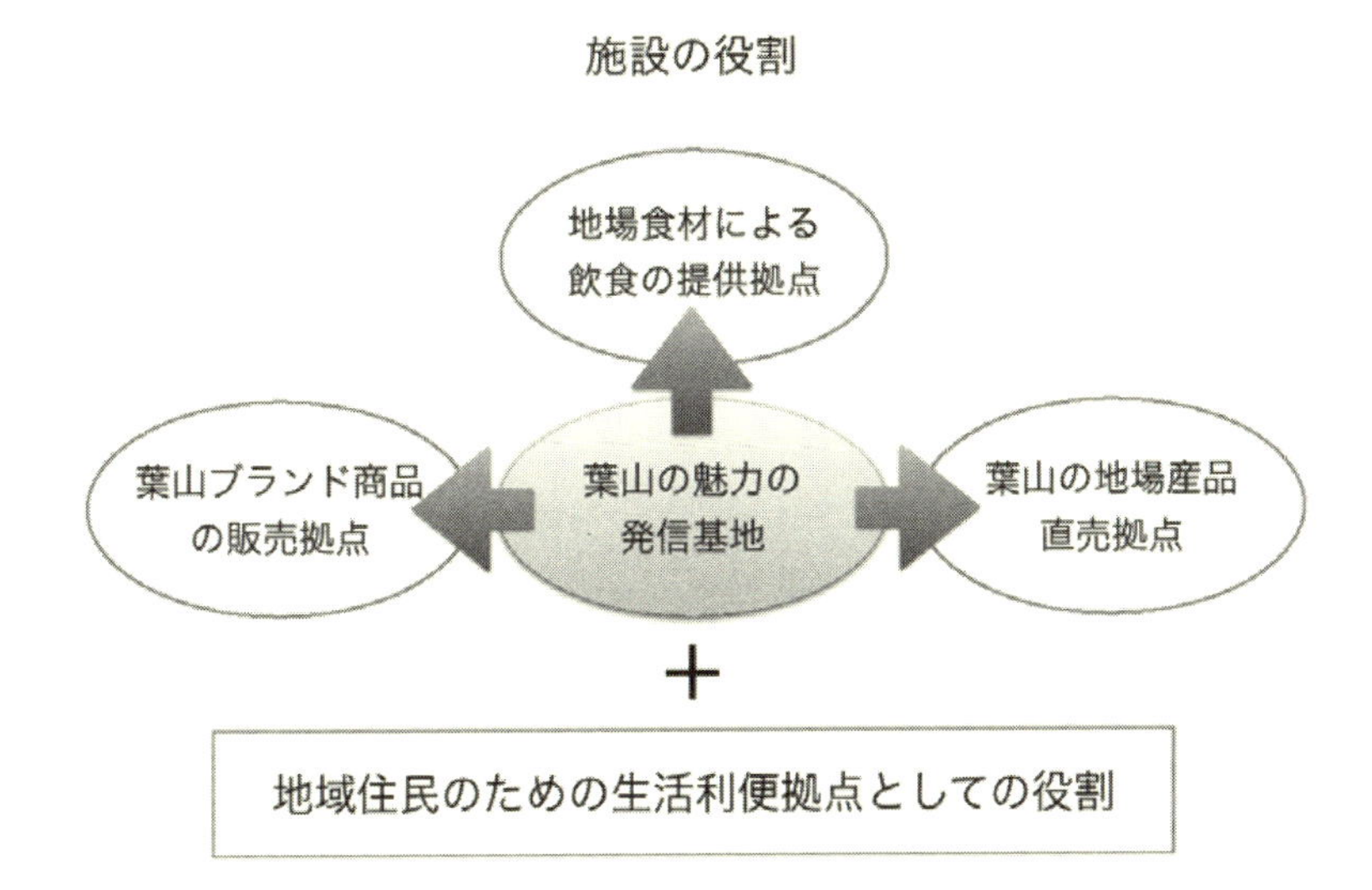

(「葉山南郷地区活性化事業の基本構想」葉山町商工会、2014年、5頁)

町外で物品を購入していることが明らかとなっている*4。そして、前述したように町外で購入される人の多くが町内北部の人によって占められているのである。このため、北部住民が買い物しやすい場所を検討したが、その際、中部および南部の住民にも買い物が便利なロケーションを考慮している。この事業が成功すれば、それだけ町の特化係数が高まり、商業活動の活性化が期待され、その結果として町の財政に貢献できることも期待されるのである。

この候補地は横浜横須賀高速道路から葉山、鎌倉方面へ抜ける逗葉新道に面している。その逗葉新道の交通量は、前掲の商工会資料によれば二〇一〇年度で一日平均約一万二〇〇〇台、年間約四三四万台となっている。したがって、「共同店舗」の主たる顧客を町民に設定しても、三浦半島や湘南地方を訪れた自家用車客が憩いの場としてこの施設を利用することは十分考えられる。すなわち、この施設は「道の駅」としての機能をもたざるを得ないのである。ここでは、地域外の人たちと直接触れ合うことになるので、博報堂（二〇一一）が指摘するように地域のブランド化を進める重要な拠点となってくる。すなわち、地域のブランド力は、送り手と受け手の「揺るぎない精神的な絆、強い信頼関係の結果」によって作られるとみるのである。

そこで、この「共同店舗」には「葉山の魅力の発信基地」という概念が浮上する。その概念を具体化すると左記の三点になる。

・葉山ブランド商品の販売拠点
・地場食材による飲食の提供拠点
・葉山の地場産品の直売拠点

まずここを訪れるすべての来客に対しては、葉山ブランド商品の販売が行われる。このスペースは限られているので、葉山ブランドの中でも厳選されたものが販売されることになる。次は、ドライバーを中心とした来客に一息入れてもらうための飲食提供が欠かせない。それも、来訪者は葉山らしさを求めるであろうから、地場食材を利用したものが中心となってくる。その一方で、この施設の設立目的が地元住民中心に考えられているので、その食生活を考えて、ここの提供商品については、食材を多く提供することも考えねばならない。

その場合、素材を調理して提供する形式の屋台や簡易店舗、あるいは逆に高級料亭やレストランが必要になってくる。もちろん、葉山での宿泊客やドライバーもそれらを利用することになるが、あくまで地元住民をメインとして考慮される。

三番目が、葉山産の一次産品を主とする市の開催である。これは、すでに全国各所で開催されているが、新鮮で美味なものの販売であればモータリゼーションの進んだ今日では充分に存在価値のあるものであろう。葉山商工会では、すでに葉山港における朝市、森戸地区における大規模な市*5や「共同店舗」に予定している場所での市を継続して開催している。とくに、森戸地区における市は「ビッグハヤマ・マーケット」と名付け、森戸大明神の境内で毎年秋に開催されている。主催は葉山町商工会であり、葉山町は積極的に後援を行なっている。

この市は、もともと開催されていた二つの市を統合したものである。すなわち、葉山の特産品や葉山らしい建築物といった葉山の産業をＰＲする場として開催されていた「メイドイン・ハヤマ」と、葉山の海と山の取れたて産品を地元の消費者に提供する生活市として開催されていた「葉山マーケット」を一日のイベントマーケットとして統合したものである。この歴史は古く一九八九年から始まっており、その都度内容を改善しながら今日に至っている。現在では、約六〇種類のテナントが並び、雑貨、食品、衣類等の販売や、縁日コーナ等の各種イベントを展開しており、地元のみならず遠く横浜や東京方面からも足を運んでくる人がいるほどである。

他の市についても後述するが、これらの市によって、葉山町商工会は市のノウハウについて理解し、かつ蓄積を重ねている。しかし、「共同店舗」での市が常設の場合には新たな取り組みが必要となってくる。とくに、町内の人々の日常生活を対象とした機能と町外からのドライバーを対象とした機能を両立させる必要が有るからである。

いずれにしても、葉山という文化の中で開設される「共同店舗」は、それにふさわしい概念付けが必要になる。これらを検討した結果、葉山町商工会では左記の三つの概念を決定している。

・葉山らしい本物の価値の提供

・朝市的なシズル感*6と賑わい感の演出
・コンシェルジュ*7的接客による情報発信

第三章で述べたように、葉山にはすでにいくつかのブランド価値をもつ製品やサービスが揃っている。これらは、あるものは地元産の原材料そのものであり、あるものはそれらを加工した料理や菓子や飲料製品であったりする。また、他の地域から調達した材料を他の地域で生産し販売する他産他消の製品も含まれてこよう。これらのものから選択し、一堂に集積することによって住民満足を得るとともに、葉山ブランドを広く社会へ発信する拠点にしたいのである。

すでに町内で定着している各種の市では、開放的な空間の中で来客と販売者との触れ合いを通した心の交流が行われている。それこそ、市の魅力であり存続の基本となっていると言えよう。そのなかにあって、さらに葉山らしさを感じさせる高級感の演出が必要になるのである。たとえば、広場のテント一つとってみても、一般的なものとは異なる瀟洒な感じのものが求められるのである。

この施設では、前述した顧客と販売者・生産者との心の触れ合いを、より深耕させることを計画している。そのため、施設内の従業員にはコンシェルジュ的な接客ができるよう求められている。葉山を訪れた人はもちろん、葉山町民に対しても高質なマナーを用いて、さまざまな質問に答えられ、案内できることによって葉山の魅力を伝え、そのブランド力を高めたいのである。すなわち、人と人との接触の中から葉山の上品さを感じてもらい、その上で情報を発信し、葉山の魅力を紹介したいのである。葉山町では、現在も域外から移り住む人が増えているうえ、その人たちの多くが早期に葉山生活に馴染んでいる。これも、葉山の魅力を感じ、移り住むことを望む人たちがいるためであろう。そのためにも、この機能は重要になってくると思われる。

（2）「共同店舗」の概要

この施設の目的を整理すると、

・葉山住民の買い物ニーズへの対応
・ツーリストと通過車両へのサービス
・それらによる地域の賑わい作り
・そして町の魅力と情報の発信

である。それを実現するためには、商業施設、飲食施設、休憩施設・広場、駐車場、沿道サービス施設が必要となる。ただし、これらの施設を一カ所に集めるだけのスペースがないため、道路を挟んで三カ所に分散される予定である。

南向きの地区は、メインになるところであり、商業施設、飲食施設、休憩施設・広場、駐車場を予定している。屋内では、葉山のブランド品と逸品、三浦地区まで広げた地場産品、生活必需品等で質の高いものの販売が考えられている。それは、葉山町では生活必需品を含めて一般的に質の高さが求められるからである。

さらに、ここに設置される飲食スペースも、ゆったりした生活文化を望む葉山町民を第一の対象にすることになる。すなわち、リーズナブルな価格設定や顧客回転率も考慮しつつ、葉山らしい自然空間と優雅さが提供できなければならないのである。そして、この雰囲気は葉山への来訪者にも受け入れられるはずである。ただし、このような顧客ニーズの裏には葉山の抱える高齢化の課題も忘れてはならない。すなわち、来訪者の多くが高齢者であり、それに合わせた品揃えや雰囲気作りが必要になってくるのである。

屋外のスペースでは、定期的な市の開催やテイクアウト商品の販売、屋外飲食の提供、休憩所の設置等により、訪問者とのコミュニケーションを図り、賑わいを求めることにしている。この場所では、葉山町商工会・葉山南郷地区活性化実行委員会主催による「葉山ロードサイドマーケット in 南郷」という名称の市がすでに実行されている。この市も葉山町は後援を行っており、秋の土曜日と日曜日に二回（計四日）開催されているが、毎回約二五軒のテナントを得ている。

付近に民家が少ないため、利用者の多くは自家用車による来場となっているが、運転のできない高齢者には来にくい場所でもある。このため、この市では路線バスの便もよくないことを考慮して住宅地を循環するミニバスを走らせている。これによって、遠出のできない高齢者の来場が多くなり、ミニバスの採算も合っている。市の内容は、スイーツ類と加工食品が多く出品されているが、野菜や魚介類も並べられている。これは、スーパーマーケットと同様に家庭での食事を考慮したものであるが、子供連れをも考慮して縁日や籤等のイベントも設けている。さらに、自家用車が町外を含めて多数集まることから、駐車場への車の出入りが心配されたが、回を重ねるたびに改善しこの問題は解決している*8。

また、北向きのスペースは、来訪者や通過車両の利便性を考えてガソリンスタンドの設置を予定しているが、町として災害時の備蓄機能を重視している。すなわち、道路インフラが破壊された場合、それが復旧するまでの間、車両用燃料や生活用燃料の備蓄が必要になるのであり、その場所としての機能を持たせることにしている。そのため、給油所を中心として修理等のサービス施設、駐車場等を考えている。これにより、町民の緊急時対応と普段の一般車両対応を兼ね備えることにしている。

（3）「共同店舗」のねらい

この施設を開設することによって、葉山町商工会では左記の効果を狙っている。

・来訪者とのコミュニケーション
・来訪者情報の活用
・出店者間のコラボレーション
・施設の改善活動

従来から開催されている市で培われた来訪者との交流やコミュニケーションの経験から、多くの固定客の獲得を確信するにいたっている。固定客の獲得は、売り上げの安定に繋がるとともに、葉山の魅力の発信に役立つものである。現在の市は一定期間毎の開催であるが、それでも町外からの来訪者が多い。したがって、連日開催されるこの施設によって一層の効果が得られると予測されるのである。

たとえば、葉山漁港（真名瀬漁港）では、二〇一三年一二月から朝市を立ち上げた。この市の主催は朝市実行委員会であり、葉山町が後援している。この市は、年間を通した第二土曜日の朝八時から一〇時まで開かれている。この朝に獲れた魚介類が直販されるので、新鮮なものが安価に消費者に提供されている。そのため、地元や近隣の消費者のみならず、横浜や遠くは東京からの来訪者も利用している。

ただ、このような朝市は、三浦半島や湘南地方の漁港でも行われているもので、珍しいものとは言えないであろう。しかし、一つには前述したように葉山の海では立地条件と潮の関係から多くの種類の魚介類が水揚げされる。そのため、消費者にとっては選択の幅が広く買い物の楽しみが増すのである。また、葉山の漁港は小さなものである。そのため、漁師の数も少なく、それだけに消費者とのコミュニケーションが促進されている。すなわち、顔馴染みも多くでき、友達感覚で会話を楽しむことができるのである。これが、固定客と遠方客を増やし、この市を成功させている大きな要因となっている。

さらに、この市の付加価値を付けるためにいくつかの取組みが行われている。一つは、獲ってきた魚を水槽で泳がし、展示しながら販売していることである。これは新鮮この上ないことの実証である。二つ目は、最近の家庭で魚をさばける人が少なくなっていることから、漁師自らがさばき方や料理方法を説明していることである。この実演でできた料理はその場での試食に提供されている。

また、とくに現代の子どもたちにとっては、泳いでいる海の魚を触る機会はめったにない。そこで、タッチプールを設けて魚たちとの触れ合いを体験してもらっている。その他に、海の生物のなかには危険なものもいる。そこで、これらの生物を展示して説明し、理解してもらっている。この市は、開設してそれほど期間は経っていないが、消費者の評価を得て定着している*9。

以上述べてきたように、市において来訪者から得られる各種の情報は、人を介した直接的なものである。これらの対面販売によって得られる情報は、各店舗で商品管理や新製品の開発等に有効に活用できるものである。計画されている「共同店舗」では、当然各店舗にＰＯＳ (Point of Sales) システムの導入がなされようから、それによって収集・処理された販売情報を有効に活用することが可能になる。すなわち、「共同店舗」に店を開くことによって、対面販売によるアナログ情報とＰＯＳからのデジタル情報の両方を活用できることになるのである。

この施設では、葉山町商工会で中心となっている店舗経営者が関わることになるので、人間的なネットワークが形成されることは間違いない。そして、このネットワークによって密度の濃い情報交換が行われることから、新企画や新商品開発等のコラボレーションが考えられる。それによって、新たな商品やサービス開発が促進され、葉山の魅力をより増していくことを期待するのである。

これらの活動を通じて、この「共同店舗」自体の目的や機能改善が行われることになろうから、全体規模やそのコンテンツの発展が期待されるのである。市の運用では、マンネリを防ぐために、絶えざる施設メンテナンスと定期的なリニューアル（再開発）が必要になる。このため、この施設では、それに必要となる店舗間のアナログおよびデジタル情報の共有化が図られようから、これが「共同店舗」の運営に有効となってくる。

2．ネットによる発信戦略

経済産業省の調査によると、二〇一二年のＢtoＣ（Business to Consumer）の市場規模は九兆五〇〇〇億円であった。二〇一一年は八兆五〇〇〇億円、二〇一〇年は七兆八〇〇〇億円であったから、その伸張ぶりが理解されよう*10。また、幡鎌博（二〇一四）によれば、ＢtoＣによる買い物は性別に関係なく、そのなかでも六〇歳代、七〇歳代の利用が大幅に増加している。ネットを利用すれば、実際に店舗に出かけることなく生活必需品や贈答品等が購入できるので多忙な主婦・主夫や高齢者には便利なのである。したがって、葉山「共同店舗」もネット上に展開することは十分考慮するに値しよう。

（1）現状と電子商店街

現在、葉山には多くの優れたコンテンツ（以下、葉山コンテンツ）とそれを生産し販売する企業が存在する。そのいくつかは各章に散りばめておいた。そして、この地にある多くの葉山コンテンツ企業は、そのブランド品についてウェブサイトを立ち上げている。そして、すでに活発なウェブビジネス（ＢtoＣ）を展開しているのである。

ただし、これらのウェブサイトの多くは各企業や商店等が独立して展開しており、互いに関連付け（コンテクスト化）されているものは少ない。したがって、ネット来訪者は、そのウェブサイトに掲載されているコンテンツ（以下、ウェブコンテンツ）についてのショッピングを楽しむことはできる。しかし、同じ葉山のものでも他の商店や飲食店等が扱うものについては、再度、別のウェブサイトへのアクセスが必要となってくる。

とくに、利用者が複数の葉山コンテンツを必要とする場合、検索回数が多くなることからウェブサイト来訪者にとって、そのユーザ体験はコンシェルジュ的な対応からかけ離れてしまう。たとえば、「ヨットに乗り、夕食を楽しみ、一泊して、海岸で朝食後、お土産を買って帰りたい」というコンテクストを満たすには多くの検索を繰り返すことが理解されよう。来訪者は、五つの葉山コンテンツを求めていることから、それぞれに対応するウェブサイトを閲覧するためには最低五回の検索が必要になる。検索した葉山コンテンツが気に入らず他のものを検索すれば、さらに回数は多くなっていく。

このような現状を補うために、あるカテゴリーに特化した情報を提供するウェブサイト、すなわちポータルサイトが展開されている。代表的な例で言えば外食に特化した「食べログ」や「ぐるなび」等が挙げられる。これらのポータルサイトは、外食に関連するウェブコンテンツを集めたものである。これは、換言すればウェブという広大な空間のうち、外食に関連する部分を一つのゾーンとして定義したものと言える。

また、小売りというゾーンの例で言えば「Amazon」や「楽天」が挙げられる。大前研一（二〇一一）はこれを「未開の地に次々と杭を打ち込み、ここが我が社の事業領域と主張し、守ればそれがそのまま自分のテリトリーとなるのだ」と表現している。本書で扱う内容からすればかなりアグレッシブな表現であるが、これは彼らの場合、先に主張したものが大きな優位性を持てるからである。それは、ライバルに対して自社領域を維持発展させることが比較的容易であり、大きな利益に繋がるからである。ともかく、これによってウェブ上にもゾーンのあることが理解されよう。これらのゾーンの中へ既に〈出店〉している葉山コンテンツも見受けられる。しかしながら、葉山ブランドというコンテクストの形成までには行かないであろう。なぜならば、コンテンツを一覧として表示させることはできても、それらの相互関係性や各サイト担当のゾーン以外の情報提供には弱いからである。

もう一つ避けて通れないウェブ上のゾーンにSNS（Social Network Service）がある。広大なウェブ空間のなかに世界的規模の巨大なものから数人規模のものまで大小様々なSNSがゾーンとして存在する。さらにこのSNSのなかに大小様々なゾーンが日々生み出されている。木村忠正（二〇一二）が論ずるように、「オンライン・メディアは、まさに地理的制約を取払い、物理的には異なる場所にいる人々が、興味、関心、気分に従い、集う場が創出されている」のである。

たとえば、Twitterを利用している人にとっては気になるアカウントを登録しておけば、情報は自動的に送られてくるため確認が容易である。いちいちウェブサイトにアクセスする必要がなくなるからである。ただ単に受け身で情報を確認するだけではメールマガジンと変わりがないが、twitterは利用者にとってより容易に質問や問い合わせが可能となる利点がある。そのやり取りの過程が公開されている場合は同様の疑問をもった利用者の問題解決に繋がることも考えられる。葉山のウェブ商店街がここに参加すれば、ユーザ同士のコミュニケーションの輪に参加でき、葉山に対する理解度を高めることになろう。さらには独自のゾーン、すなわち「葉山共同店舗」に興味ある人たちのゾーンを作ることも当然視野に入ってくる。

（2）利用者の声の活用

ＳＮＳとも関連するが、ウェブ上での個人からの情報発信は従来よりも容易になってきている。かつては、ウェブサイトを自作しなければならなかったが、現在では、ブログやＳＮＳの登場で、より容易に情報発信が可能になっている。さらに、さまざまなショップサイトやポータルサイトでコメントや評価を行えるようになっている。これらのコメントや評価は、企業にとって厳しい内容となる場合もあるが、それを避けるのではなく、ビジネスチャンスとして改善に取り入れる姿勢が重要なのである。すなわち、消費者の声は経営資源として活用すべき時代なのである。

しかしながら、これらのコメントや評価といったものの中から、利用者が自分に役立つ情報を探し出すのはそれほど容易ではない。信憑性の問題、質の悪いコメントやステルスマーケティングと呼ばれるヤラセ問題がある一方、丁寧かつ真摯に書かれたコメントや十分な母数の結果から出された点数や評価もある。これらは、比較的信頼に値するが、それでも利用者の目的にあっているものかは分からない。例えば、「良い蕎麦屋だ」という評価があったとする。これが、蕎麦の味に精通している人の評価なのか、味よりも店のサービスを重視する人の評価なのかによって、当然意味合いが変わってくる。

これを解決する方法に、誰かの視点を借りるというものがある。佐々木俊尚（二〇一一）の言葉を借りれば「だれかの視座にチェックインすることによって、私たちは情報のノイズの海から適確に情報を拾い上げることができる」ということになる。このような視座の提供者をキュレータと呼ぶが、現実社会と仮想社会（ウェブ）を問わずコンテンツをコンテクストとして表現してくれる人をいう。蕎麦の例でいうと日頃からＳＮＳで蕎麦の味わいについて発信等している人物がいたとする。この人物が「久しぶりに美味しい十割蕎麦に出会った」などと述べていれば味の面で大きな期待ができよう。

葉山に当てはめてみると、単純に信憑性のある情報を提供してくれるだけでは十分ではない。なぜならこれまで述べてきたように、葉山には多様なコンテンツが存在し、第二章で述べたように自動車や情報端末によって来訪者自身が自在にコンテンツを楽しめるようになったからである。葉山側から適切な情報発信を行えば、来訪者自身が葉山コンテンツを彼ら独自な見識眼を用いてコンテクストを作ってくれるかもしれないのである。例えば現在葉山には歴史的遺跡は多少はあるものの、観光の目玉といえるような存在ではない。だが、歴史小説家が小説のクライマックスの中で葉山の遺跡を取り上げたらどうだろうか。当然注目度は高まり、この遺跡に訪れたいと思う利用者も多くなろうことが推測される。メディア等に取り上げられるということではない独自の視点から新しい価値が作られるということである。何もプロの作家だけではなく、一般のブロガーやＳＮＳ利用者も同様に新しいコンテクストを作り出す可能性がある。身近な例で言えば旅の内容等がこれに当たるだろう。葉山を旅する際に訪れた経過がブログに上がっていればそれを読者が追体験できるだけに留まらず、新しい旅のルートが生み出されるかもしれない。このように新たな文脈を持って新しい価値を生み出してくれるのがキュレータである。彼らによって、葉山の魅力の再発見に繋がる可能性も大いに期待されよう。

また、現在では消費者間でブログやチャットさらにＳＮＳ等を利用して情報交換が頻繁に行える時代となっている。これをネット店舗やウェブ商店街と組み合わせれば、利用者はたんに効率よく買い物ができるだけでなく、仲間としてネット上で集まることも可能になってくる。前述したポータルサイトのゾーニングもこの一例といえよう。この巨大なゾーンのなかに葉山というコンテクストで繋がったゾーンを作成すれば、葉山ファンと町民の情報交換は容易に行うことが可能となる。

このような現状からみて、現在ウェブサイトを展開していない葉山コンテンツも含めて、将来はネット上にあるウェブコンテンツを体系付ける必要があると思われる。すなわち、パソコンやスマートフォン等から、買い物や各種の予約が楽しめるだけでなく、葉山ファンと町民が意思疎通できる「共同店舗」をネット上で展開することが時代の必然なのである。前述した複数の葉山コンテンツを求める来訪者についても、「共同店舗」がネット上に展開されていればリンクを頼りに効率よく要望を満たすことができるのである。そのためには、町全体を網羅した多くの情報が求められる。そして、仮想空間でネット来訪者と町民のコミュニケーションが進み、来訪者の中からキュレータが現れてくることを期待するのである。

（3）ウェブ上の葉山の商店街を目指して

現在の情報社会では、新たにウェブサイトやウェブストアをただ開設するだけであればそれほど資金も労力も掛からなくなっている。それは、有料や無料を含めてさまざまな支援サービスが提供されているからである。しかしながら、ビジネスにおいて一定の成果を目指すような場合は、それなりの準備や資金、労力といったものが必要になる。

読者はウェブを発注する側になる方が多いだろうから、その際のポイントを挙げておく。開発者が最初にするべきことはどのようなサイトにするのかという、概念付けである。この際、開発者が行いたいことだけではなく利用者の視点も忘れてはならない。生田昌弘等（二〇〇三）によれば機能するウェブサイトの作成条件は左記の三点だと提唱している。

・ユーザが必要な情報を、必要な時に提供してくれる
・ユーザがしたいこと、してほしいことを実現してくれる
・ユーザが潜在的に抱えている問題を察知してくれる

また、製作に当たっては「ビジネス、アート&デザイン、テクノロジー」の三要素が重要となる（生田昌弘等、二〇〇三）ことも重視すべきことであろう。ウェブサイトというとまず見た目の部分を想像する人が多いだろうが、見た目が優れているだけでは役に立たないのである。換言すれば、ビジネスとして、ウェブサイトの目的を明確化するための企画力、有意のヴィジュアルと使い易い構造のためには広義のデザイン力、それらを現実に滞りなく稼働させる技術力の三つである。

ここに商店街等にとって大切な運営力を加えたい。ウェブサイトが課題を乗り越えて無事開設できたとしても、日々の更新やメンテナンスといった運営が滞ってしまえば目的は果たせなくなる。この運営力が成功への最後の鍵となろう。柳田義継（二〇一三）は、業務のなかで行う更新作業の大切さについてtwitterを例に指摘している。運営力によってはウェブサイトに求める機能面での取捨選択が必要になろう。つまり成果を求めるなら企画段階から自身のサイト運営体制を見据えることが必要となってくる。

ではウェブ上の葉山商店街を考えた場合、完成したサイトはどのような姿になるだろうか。利用者が訪れた際、

・まずはヴィジュアルから葉山らしさを感じ取る
・自分が探しているサイトコンテンツへ容易にたどり着けるとともに、サイトコンテンツはある程度幅のあるものが求められる
・そして閲覧や買い物、予約といった各機能が滞りなく動くサイト

ということになろう。前述の「ヨットに乗り、夕食を楽しみ、一泊して、海岸で朝食後、お土産を買って帰りたい」という来訪者の要請についても、適切に各要請のページが対応されていれば、ヨットの選定、夕食と朝食のレストランや飲食店の予約、そして宿泊先の予約、さらにお土産の選定等が、ウェブ商店街

のなかを巡ることで可能になる。

このようなウェブサイトはすでに葉山町の部分的な地域（トポス）では実施されている。その一つが「葉山元町商店会ポータルサイト」であり、完成度の高いものとなっている*11。操作するうえで分かり易くかつ葉山らしいビジュアルに代表されるようにビジネス、アート&デザイン、テクノロジーのバランスが十分なレベルでまとまっている。前述の機能するウェブサイトの三条件と照らし合わせてみると左記のように見て取れる。

・ユーザが必要な情報の必要時の提供は、その情報量もさることながら、ニュース等で分かり易く表示されている。ただし、二〇一四年一二月現在、スマートフォン等モバイルへの対応は見られないので「必要な時」の部分は欠けているといえよう。なぜならば、商店街を訪れている時点で情報を確認することが困難だからである。

・ユーザがしたいこと、してほしいことの実現は、ナビゲーション等が優れているので問題ないであろう。検索窓やカテゴリー、地図などサイト利用者がさまざまな方法で葉山コンテンツを見つけることができる。

・ユーザが潜在的に抱えている問題の察知は、観光情報やデートコースのサイトコンテンツがあり、合格水準にあると思われる。これは、単純に買い物を楽しむことの先が提示されているからである。

一部に問題箇所があるものの、全体として完成度の高いものであることが理解されよう。なお、モバイル対応に関しては、単純に見やすさを改善するだけでなく、スマートフォン片手に商店街を散策できるような仕組みを加えることが有効であろう。せっかく地図から店舗を探し出すことが可能であることから、この活用を期待したい。これが実現するとほぼ隙のないポータルサイトになる。図表２に「葉山元町商店会ポータルサイト」のトップページを掲載しておく。

（４）ウェブ版葉山商店街のコンセプト

葉山の元町を訪れたい人やネット上で買い物をしたい人にとって図表２のポータルサイトの情報があれば、おおむね満足できよう。しかし、この章では葉山をゾーンとして論じていることから元町だけの情報では不足する。したがって、前述のように葉山全体をカバーしたウエブサイトが求められるのである。現在、葉山は行政上六ヶ所の地域をもつ。しかし、ウェブ商店街では、必ずしもこの区切りがベストとは限らない。来訪者の視点から利便性を考え、決めることが求められるからである。

同時に、これはウェブ上での葉山をゾーニングするという役割も果たせよう。先述したウェブ上のゾーニングとは二点違うところがある。一つ目は現実の葉山というゾーンと密接な関係があるため、「ここが自分の領土である」というような主張はしなくて良い。二つ目は既存の葉山コンテンツのウェブサイトとは競合しないことで

図表２　葉山元町商店会ポータルサイト（葉山元町商店会提供）

ある。どれも葉山というゾーンの内側にあるためである。これらの多くのウェブサイトはウェブ版葉山商店街とネット上やＳＮＳ上で相互に結びつき共生関係を築くことになるからである。先述の葉山元町商店街にある店舗の中には共同店舗に出店する例もあろう。その場合、従来のポータルサイト上とウェブ共同店舗上に各店舗の情報を置くことになるが、これには何ら違和感はない。すなわち、現実の葉山同様にゆるやかなゾーンを形成することが期待できるのである。

このゆるやかなゾーンを用いて町民や葉山ファンのコミュニケーションが活発化されれば、利用者から新しいコンテクストが生み出される可能性がある。それらは商店街側からは思いもよらないものになろう。これらの蓄積は将来の葉山にとって大きな資産になることは既に述べた。このためにはＳＮＳ参加等によるコミュニケーション手段、コンテクストの材料となる質と鮮度の高いサイトコンテンツ、これらを維持提供する運営体制が必要になる。

商店街とするからには、ウェブ上でもなんらかの販売機能が必要になろう。言い換えれば、地産他消及び他産他消の担い手のひとつとしての役割が期待される。このウェブサイトは日頃、葉山に足を運ぶことはできないが、少しでも葉山を楽しみたい、という人の手助けとなろう。それも、ＳＮＳによって利用者同士の葉山グループも夢ではないし、ネット上で、グループが散策したりショッピングしたりすることも考えられる。このような経緯から葉山に親しむ利用者も多く現れよう。葉山からの情報発信が適切であれば、いずれ葉山を訪れたいと思う人も出てこよう。そして、葉山に訪れた人のなかからこの地へ転入してくる人も期待できるのである。

おわりに

現在、葉山町商工会が実現を目指している「共同店舗」は、地元を主としたリアル社会での常設市であり、シズル感とコンシェルジュ的な人の交わりを求めるものである。これこそ商業活動の基本であり、原点であろう。第1節で述べた、葉山で開催されている各市では、必ず葉山町が後援者になっている。これは、たんに個人やグループが主催者となって市を立ち上げているのではなく、町も力を入れ、その市が興隆することを願っている証拠なのである。町としても、これらの市が盛んになることを通して葉山ブランドを社会に広めたいのである。ただし、実際に共同店舗を計画し実施するのは葉山町商工会の人たちである。そして、町はそれらの企画が円滑に進められるような基盤作りに専念すべきであろう。

かつて、社会は変化し、人の移動手段も鉄道から自家用車に変化した。そのため、多くの駅前商店街は郊外の大型ショッピングセンター等に主役を奪われていった。そのような状況下で大型ショッピングセンターに限らず製品の販売場所には、自家用車で買い物のできるような駐車場の設置が欠かせなくなっていった。これは、モータリゼーションによる流通の大きな変革であった。

しかし時代はそれに留まらず、現在は情報社会が進展している。この社会では、多くの機能がネットを通して利用できるようになっている。これによって、商業活動も現実（リアル）社会の実店舗からネット上の仮想店舗へ変化をはじめているのである。第2節の初めでBtoCについての増加ぶりを提示したように、商業活動も確実にバーチャル社会に軸足を移そうとしている。もちろん、そのためには利用者がパソコンやスマートフォン等のネット端末をもつことが前提となるが、前述したように現在では家庭や職場で一般化されているだけでなく、生活の中にこれらの情報端末は深く浸透しているのである。さらにこれからの時代は、ネット利用が容易になってこよう。今日でさえ、消費者は必要な時に世界中、いつでも、どこからでも必要なものを手に入れることが可能になっている*12。その場合、消費者があらかじめ商品やサービスの善し悪しをネット上で調べておくことは一般に行われている。

ただし、電子商店街はデジタルの世界であることから、その中でのコンシェルジュ的ビジネスが求められてくる。それと同時に、ネット利用の限界も理解しておくことが必要であろう。確かに、デジタル情報が各商店や電子商店街全体の売り上げ状況やその動向を、正確に提示する。そのことから販売、生産、購買管理等に役立つし、新製品開発にも威力を発揮してこよう。また、在庫や発注管理にはリアルタイムでのPOS情報が役に立とう。これらは、対面販売での情報処理では対処が困難なものである。

しかし、顧客との個人的な人間関係や相手の顔色等による暗黙知の収集や、その意味付け等の処理は対面販売にはかなわない。そこで、この両者を異なる情報として独立して活用するのではなく、補完情報として活用すべきなのであろう。現在、この実（リアル）と仮想（バーチャル）という二つの商業活動が移行期にあるのか、このまま補完関係を維持するのかは分からないが、両者をうまく使いこなすことがしばらくは重要になると思われる。その意味から、葉山のブランディングを発展させるためには、実社会の「共同店舗」と仮想空間の「ウェブ商店街」は並列して補完関係をしばらくは保つべきであろう。しかし、少なくとも自動車が代表となる工業社会からネットが代表となる情報社会へ移行している現実から、それへの対応を積極的に取り入れる態度が必要になろう。

＊1　葉山町企画課（一九八四）『調整要覧』、三五頁の町制六〇年小史によろ。

＊2　葉山共同店舗構想については、葉山商工会の柳新一郎会頭と石井宏一事務局長からの説明（二〇一四年七月二

日）による。
＊3　二〇一四年四月の「全国道の駅ガイド」による(www.roads.jp/)。
＊4　葉山町商工会編（二〇一四）『葉山南郷地区活性化事業の基本構想』、二頁。
＊5　葉山町商工会主催の案内書（二〇一三）による。
＊6　シズル感とは、生き生きとした実感、動きや臨場感といった意味。
＊7　コンシェルジュとは、客の要望や案内に対応する「総合的な世話係」の意味。
＊8　「葉山ロードサイドマーケット in 南郷」の内容については、葉山町商工会・葉山南郷地区活性化実行委員会発行の案内書による。
＊9　この朝市の内容については、『葉山アマモ通信』第6号、葉山町漁業協同組合編（二〇一四）による。
＊10　産業省（二〇一四）「平成二四年度我が国情報経済社会における基盤整備（電子商取引に関する市場調査）」の内容を整理したもの。
＊11　「葉山元町商店会ポータルサイト」http://www.hayamamotomachi.com 参照。
＊12　立川丈夫（二〇一四）「クラウドコンピューティング時代の組織運用」、『日本の「いま」を見つめる』南窓社、一〇四頁。

葉山町商工会編（二〇一四）『葉山南郷地区活性化事業の基本構想』葉山町商工会。
博報堂 地ブランドプロジェクト編著（二〇一一）『地ブランド』弘文堂、三一頁。
関満博、酒本宏（二〇一一）『道の駅』新評論、二四六～二四九頁。
幡鎌博（二〇一四）『eビジネスの教科書』創成社、三頁。
大前研一（二〇一二）『戦略思考法』プレジデント社、二〇頁。
木村忠正（二〇一二）『デジタルネイティブの時代』平凡社、一九一頁。

佐々木俊尚（二〇一一）『キュレーションの時代』ちくま新書、二〇二頁。

生田昌弘、堀尾保、酒井とわ子（二〇〇三）『webデザインワークフロー』ソフトバンクパブリッシング、四頁。

生田昌弘、堀尾保、酒井とわ子（二〇〇三）、前掲書、七頁。

柳田義継（二〇一三）「webを活用した商店街活性化の事例」（原田保編著『地域デザイン戦略総論』）芙蓉書房出版、七一〜七五頁。

エピローグ　「東京圏・葉山町」という地域ブランディング

山梨　崇仁

葉山町は、神奈川県東部の三浦半島の入り口に位置し、北は逗子市、東部・南部は横須賀市に接し、西は相模湾に面している。面積は一七・〇六平方キロで市街化調整区域が七〇%を占めており、緑被率では七四%の山林や緑に覆われている。町内には森戸川、下山川の二本の二級河川が相模湾に注いでおり、山々は相模湾を還流する黒潮と年間一〇〇〇ミリを超す降水により、美しい山ひだと美林におおわれている。

葉山海岸は、森戸海岸、芝崎、一色海岸、小磯、長者ヶ崎海岸という砂浜と岩礁が交互に連なっている南北四キロにおよぶ美しい海岸線で、一九九六年（平成八年）には「日本の渚・百選」に選ばれた。夏には四つの海水浴場が設置されるうえに、葉山港などの港湾設備、民間の葉山マリーナなども整備されていて、海水浴や磯遊び、ヨットやボート、ウィンドサーフィンなどのマリンレジャーができるポイントとして広く親しまれている。

ここでは、これまでの各章を振り返りつつ、今後の葉山を創造するうえで、行政から見える課題とその役割を明確にし、今後の葉山町ブランディングへの一助としたい。

全章の流れ

第一章では、葉山町の地域デザインを進めるためのゾーンデザイン（コンセプト＋ゾーニング）についての検討を行った。強力なトポスとして豊かな自然と御用邸の存在を挙げ、また高質なライフスタイルを維持してきたのは、町の小ささがコミュニティの熟成、価値の創造に寄与したと考えたことから、葉山単独でのブランディングの必要性に言及している。

第二章では、御用邸と町民の関わりについて、その高級感覚を述べた。また、レジャーやスロースタイルの象徴として、ゴルフが多くの著名人を惹きつけていることや、自動車による移動を前提とした隠れ家的な雰囲気の食文化について述べた。これら三つのポイントを旅感覚で暮らせる町の形成要素と表現し、相互の関係性を考慮することについて触れ、ゾーン全体でのブランド戦略の必要性を指摘した。

第三章では、地産地消による域内経済活性化から、地産他消によるブランド産品の産出の売上による収益効果、そして、企画創造と品質デザインで世界的な販売を行っている他産他消の事例を示し、葉山のブランディングの三つの形に触れた。いずれもハイソサエティ感覚でブランディングされていることに特徴があるとして、これらの葉山コンテンツが秋の紅葉のように色彩を織り交ぜ輝いていると表現している。

第四章では、マリンレジャーとマリンスポーツの観点から、高級感漂うスロースタイルが醸し出す海山文化、すなわちレイドバック文化があるなかで、老若男女がゆっくり過ごせる環境の整備が必要と指摘した。また、急激な文化の変革や革新は葉山では望んでいない人も多く、町の風土に適合させる過程において、多様なコンテンツを取捨選択して受け入れていくことが望ましいとした。一方で、町民が従来培ってきた対応能力を発揮していくことで、新たな文化を見出し、葉山の進むべき戦略とまとめている。

第五章では、御用邸の影響を論じながら、その中での町の成り立ちに触れ、葉魂外才という筆者の定義をもって葉山町民が西洋化の影響を受けて独特のライフスタイルを築いていった経緯を述べた。そして、豊かな自然に包まれた町民の心がホスピタリティとして、また、地域の自然や文化的土壌を守ろうとしたことが葉山のブランドを高めることに繋がっていると結論づけた。

第六章では、葉山町と商工会が進める南郷地区活性化事業の「共同店舗」について、人的ネットワークの形成が密度の濃い情報交換を可能にし、新企画や新商品開発等へのシナジー効果があると期待している。また後段では、ウェブ戦略について、従来の商店ごとの独立したウェブ展開から、来訪者が実現したい目的の明示を可能にするコンテクスト化されたポータルサイトの有用性を提言した。つまり、実（リアル）と仮想（バーチャル）の二つの商業活動をうまく使いこなすことが重要とし、葉山のブランディングへの提言をした。

各章を通じて

第一章から第六章まで葉山のブランディングについて触れてきたが、全ての著者が今後のブランディングについて、大きな舵を切るような変革の必要性について提言は行っていない。それは第一章でも述べているように、御用邸のもつ、あまりにも強い影響力のもと育まれてきた、すでにある葉山ブランドをこれからも守り続けて欲しいという思いに帰結するからではないだろうか。

また一方で、現状の葉山町の高質なサービス、文化、まちづくり、自然のそれらは、町民を中心に緩やかな相関関係にあることも分かった。それは各章で「町民の努力」、「町民性」、というキーワードに必ず触れられる点で、随所に町民の活躍があり、それによって各コンテクストがつながっているということがうかがえた。小さな町、葉山においては、そこに住む葉山町民が常に主役にあって町の歴史を構成してきた。時代の流れの中で来町したハイソサエティな人々や保養を求める人々、レジャーに来る人々、そして観光に来る人々、と変化する来訪者に対して一貫したホスピタリティがあったことで地域ブランディングに大きく影響したと第五章で触れている。
これらから考察するに、守り維持する町として、すでに持つ魅力をいかに発信して人々を惹きつけるか、がこれまでも今後も、葉山町の地域デザインとブランディングであり、その根底には、外部の観光客でも一部の有力者でもない、そこに住む町民が能動的に活躍できる素材をデザインすることが重要であると結論付けられる。

行政としての分析、課題

葉山町は課税所得額が全国で一二位（山梨、二〇一二）という結果があり、高額納税者が非常に多い。行政の一般会計収入では、二〇一二年度決算は町税が全体の五九％を占めているうえに、個人町民税、固定資産税、都市計画税だけでその内の九五・一％を占めている。法人町民税は二・一％しかない。つまり、高額納税の多くが個人によるもので、いわゆるお金持ちの住民が多い地域といえる。しかし、このような裕福な税収がありながら、葉山町には二〇一三年現在、総合体育館や町民プールのような公立の余暇施設がない、もしくは少ない。

例えば、保育園の数では、政令市等を除く神奈川県下二七自治体では、平均四・五人の児童に一園が設置されているのに対して、葉山町では児童一〇・六人に一園と最も少ない*1。また、それらを補完したり代替したりする他の福祉施設やスポーツ施設があるわけではないことから、決して優れた行政サービスがあるという評価はできない。

また、二〇一四年四月現在、葉山町の六五歳以上の人口を占める高齢化率は二九・三％で、近隣の逗子市が二九・九％（逗子市、二〇一四）であり、逗子・葉山は地域的に高齢化が進んでいる。二〇一四年一月現在、神奈川県下三三市町村において葉山町は八番目の高齢化率である。しかし一方で、七五歳以上の後期高齢者医療制度の一人当たりの医療費支出を比較してみると、二〇一二年度では、神奈川県下で二七番目（神奈川県、二〇一二）であり、高齢化が進んでいながらも医者にかかる等の医療費が少ないことから、それだけ健康な年配者が多い地域とも考えられる。

なお、東京から五〇キロ圏内に位置している住宅と観光の町であるが、二〇一四年五月現在、人口は約三万三六〇〇人で停滞から微減の傾向にある。二〇一一年の総務省の昼夜間人口統計によれば、日中人口が七五％まで減少する町であり、それだけ横浜や都内など、大都市圏に出る給与所得者が多い地域と考えられる。昼間の防災や防犯においては、土曜日や祝祭日を除くと日中の人口が少ないことは大きな課題であり、高齢化も進んでいることから、行政の役割を強化しなければならないといえる。

一方でまちづくりとしては、そういった町外で働く町民の皆様に、せめて土日休日だけでも町を楽しんでもらえるように図ることも大切な指針である。

財政状況

裕福な税収入があり、医療費も比較的低く抑えられている地域でありながら、決して優れた行政サービスとはいえない現状はなぜだろうか。それは財政の硬直化により、新たな施策を講じることや、施設の整備が厳しいということにある。

葉山町の財政状況を表す経常収支比率は二〇〇七年から九五％を越え、二〇一一年に一〇〇％を越えている。福祉や子育てに関する扶助費や教育費など、一般的にいう固定費が増大して収入と同じ規模になり、新たな政策へ使える財源がほとんど無い状態となっているのだ。また、既存施設の老朽化による維持経費の増大も著しく、施設の統廃合を含め検討しなければ、将来を財政的に維持しきれない状況も分かっている*2。

支出面を分析すると、特に公債費が大きい。その中でも最も多額のものが下水道事業である。二〇一三年度決算では、約五七億円の町税収入に対して、下水道事業の公債費だけで約六億三〇〇〇万円であり、その他の事業公債費が約五億八〇〇〇万円である。借金返済総額、約一二億一〇〇〇万円となり、半分以上を下水道事業で占めていることから、当事業が葉山町の大きな負担になっていることは容易に理解できるであろう。

しかし、その効果はどうだったのか。定量的な財政分析に対して、定性的な評価がふさわしいか疑問ではあるが、筆者は当時の葉山町のブランディングともいえる「行政の意地」がそこにはあったのではないかと推察する。以下では、葉山町行政のブランディングとして、「行政の意地と町民の意識」と、葉山町民のホスピタリティの高さを表すごみの無料戸別収集の施策展開も併せて二つの事業を紹介したい。

葉山町行政の考えるブランディング

下水道事業とごみの戸別収集の試みを通して、葉山町行政と町民性を評する事例を紹介する。

(1)「行政の意地」公共下水道事業

葉山町の下水道事業は、神奈川県下では後発といわれ、汚水を処理する葉山浄化センター(以下、浄化センター)は一九九二年に着工、一九九九年に共用開始した。浄化センターは海岸から約四・七キロ、海抜三五メートルの位置にあり、海岸付近に集約された汚泥を山間部の浄化センターまでポンプアップするという全国的にも極めて珍しい施設である*3。二〇一三年度までに、処理場及びポンプ場の建設経費に約一三四億四三〇〇万円かかり、その後、事業認可された市街化区域における配管の敷設工事は約二〇〇億五六〇〇万円投入して、人口普及率は五九％まで達成された。二〇一四年現在、約八八億円の町債残高があり、前項にて記述したとおり財政的に大きな負担となっている。しかし、御用邸の町として、また豊かな自然を保全する町としては、その効果を誇るべき施設でもある。

山間部において排水され、森戸川を通じて森戸海岸に流れ込んだ排水は、自然浄化されることも影響し、とてもきれいな水質が維持できている。河川の水質調査においても各水質汚濁基準を上回ることはないうえに、御用邸のある一色海岸では九年連続でＡＡを記録（環境省、二〇一四ａ）しており、相模湾沿岸でも誇れる水質といえる。また、水質の保全に合わせて、海岸線には下水処理場がないため、景観やイメージの悪化を避けることもできている。

こういった自然環境、海岸景観の二点に配慮して現行方式を採用した過去の町政には、葉山町のブランディングに悪影響を与えないよう検討した経緯もあったのではないかと考えられ、筆者としては、その後も厳しい財政状況になりながらも着々と事業推進を図ってきた背景に、行政としても葉山町ブランディングにかける意地があったと推察する。

（2）「町民の意識」ごみの戸別収集

葉山町では、二〇一四年六月より全町にてごみの戸別収集を無料にて行っている。有料袋を使用することで減量化の推進を図る自治体が多いことは周知のとおりだが、葉山町においては、無料で各戸に職員が三種類*4 のごみの戸別収集を実施、その他のごみは資源物として、町内会と委託業者の直接契約によりステーション収集する方式で事業を推進している。他の自治体同様、ごみの資源化減量化が目的であるが、

「無料のため効果が薄く、ごみは減らないのではないか」、「町民の利便性が上がるものの、手間の面から行政の収集コストが上がるのではないか」といった懸念があったが、町内の先行五地区での取り組みの成果*5を踏まえ、実施に至っている。

本来は行政責任における廃棄物処理事業であるが、分別とその排出の実行者は町民であり、町民の行政への協力度合いの高さが肝要な施策である。そのため、行政と町民の信頼関係が必須であり、互いが常に協力関係を保持するよう意識して取り組まなければならない。

全町実施時における分別方法変更の説明会には、三ヶ月間で一〇〇回以上、延べ六〇〇〇人以上の住民参加を経て実施に至っているが、施策そのものに反対する意見は少なく、環境保全、公共活動への意識の高さがうかがえた。実施後三ヶ月の振り返り調査報告書「戸別収集及び資源ステーション方式変更による検証」によれば、各個人の排出量を調査した燃やすごみ量原単位の、前年同月平均値は、四一九グラムから三二八グラムに減少し、実に二〇%超の減量化が達成できている。また、制度導入直後のインパクトが時間経過とともに薄らぎ、リバウンドと呼ばれる減量化率が元に戻る現象が想定されたが、結果として大きなリバウンドは起こらず、制度導入当初の減量化率を維持していることが報告されている。

また行政側の収集体制についても、効率化の推進により、労働時間は通常勤務時間内に収まっており、人件費の増大や業務量の過多といった現象は起きていない。ここから考察される成功の要素としては、事前の制度設計、その試行、全町実施時の綿密な説明が功を奏したと考えられるが、その背景には、そういった職員の努力を感じて各町内会が地道な協力啓発活動と、住民有志によるごみ分別方法などの住民による住民への指導が広がったことがとても大きかったと考えられる。

筆者の所見では、そういった住民協力を肌で感じられることが現場業務の職員にも伝わり、仕事への意識、住民とのコミュニケーションの活発化、改善へのアイディア出し、その実行など、導入前に比べて非常に高いモチベーションの中で業務が行われるようになったことを感じており、戸別収集への変更における副次的効果としても、とても大きな成果を得た。

このように町民側の協力と収集を行う現場職員とのプラスの相関関係が起きていることは、結果に大きな効果をもたらしたと考えられるが、その原点は多くの協力を惜しまずに、ごみを適正排出している町民の公共心の高さであり、葉山町民の総力が立証されたと考えている。

なお、参考までに同様に無料で可燃ごみの戸別収集をしている自治体は全国に二〇自治体あり、北海道から関東地方では東京都品川区、国分寺市、千葉県浦安市のみである（環境省、二〇一四b）。

おわりに―これからの葉山、町民にとって誇れるブランドであるということ―

為政者として、いまの葉山町がとるべき方針は、町民の皆さんが「土日を葉山で過ごそう」と考えてくれるようになることと考えている。また、外部からは御用邸と別荘の町としての品位を保持し、「いつかは葉山へ」と思ってもらえるような憧れの地としての魅力の発信に努めることが挙げられる。それら町内外への発信には、各章で述べられているとおり、例えば第一次産業の活性化による地産地消の推進で、町内での流通の活性化・サイクル化を図ることや、日常から町内の自然、文化に親しめる公園や休憩スペースなどの空間の確保、家族連れや小中学生が訪れるレクリエーション施設の設置など、町内に価値を見出すことが依然として重要である。そして、ＩＴやメディアを活用した広報に力を入れることで、若年層への葉山町の浸透を図りつつ、現役世代から高額所得者層の移住を促すイメージの構築が重要である。

そもそも都内から一時間程度の通勤圏＊6にありながら、年間を通じて安定した気候と風光明媚な地域として、御用邸の町、別荘の町は繁栄してきた。言うなれば、人が海や山の自然と共生すること、そこで得られる安らぎを、日々の暮らしの中で感じることができ、一方で都内や横浜などの大都市圏へ通勤に出ることも毎日の行動として現実的に可能な地域という点で、継続的な住宅地としては極めて優位な要件を兼ね備えた地域であると考えられる。

行政としては、この価値を普遍的な財産と捉え、自然環境の保全と合わせた住環境の維持向上、計画的な開発とその抑制、そして公共交通機関との連携によるスムーズな道路利用の確保などを魅力向上の基本的事項として重視したい。そのうえで、地域デザインとブランディングを図らなければならないと考えている。また、一町でクリアできない課題や魅力向上に力不足な点については、近隣四市一町の首長が集まった三浦半島サミット*7を開催しており、三浦半島内のゾーニングを検討したり、自治体単独よりスケールメリットのある業務の連携により、それぞれの強み、価値を活かした魅力向上に努めたりと議論を重ねている。

潮風、鳥のさえずり、窓から臨む緑の稜線、健康で落ち着きのある町民性、このように人間の生来において必要とされる条件を満たした町であるからこそ、葉山のブランドは、将来にわたって内外の人々の心に生き続け、価値あるものとして認められ続けると確信している。

＊1　葉山町子ども育成課による調べ、二〇一三年。横浜市、川崎市、相模原市、横須賀市および清川村を除く。

＊2　葉山町公共施設白書二〇一三年によれば、現状維持した場合の将来の更新費用を推計すると、今後 四〇年間の大規模改修及び更新費用の総額は三二六億三〇〇〇万円。推計結果から年間当りの更新費用は八億二〇〇〇万円が必要と見込んでいる。

＊3　葉山町下水道課の調査段階では、二〇一四年現在、葉山町と同様のトンネル方式でポンプアップ方式を採用している自治体は他では確認できていない。
＊4　可燃ごみ、容器包装プラスチック、その他廃棄プラスチックの三種類。
＊5　二〇一三年二月より三地区を追加して、計五地区一五六〇世帯三七四四人を対象に実証実験を済ませており、平均五〇～一七％の減量化が達成されていることを踏まえた
＊6　ＪＲ逗子駅から新宿駅まで湘南新宿ラインを利用した場合、一時間～一時間六分程度（筆者調べ）。
＊7　二〇一三年一〇月第一回三浦半島サミットが鎌倉市役所にて開催。第二回は二〇一四年四月三〇日に逗子市役所にて開催されている

【引用・参考文献】

山梨崇仁（二〇一二）『山梨たかひとマニフェスト』葉山の新しいリーダーを育てる会。
逗子市（二〇一四）『例月高齢化率調べ』。
神奈川県後期高齢者医療広域連合（二〇一二）『平成二四年度神奈川県後期高齢者医療事業報告書』。
環境省（二〇一四ａ）『水浴場の水質調査結果』
http://www.env.go.jp/water/suiyoku_cho/index.html（2014.7.15 アクセス）
環境省（二〇一四ｂ）『平成二四年度一般廃棄物処理実態調査結果』ＨＰより筆者抽出。
http://www.env.go.jp/recycle/waste_tech/ippan/h24/index.html（2014.7.15 アクセス）

葉山町に関する基本情報

1．葉山の位置

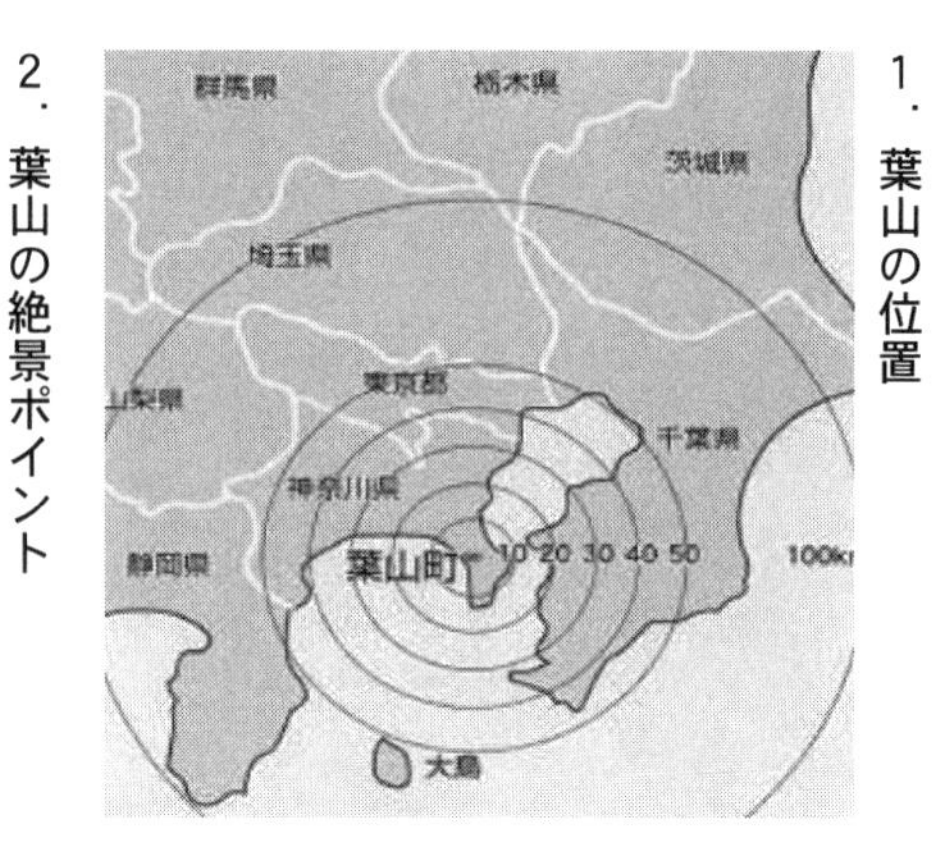

2．葉山の絶景ポイント

長者ヶ崎、森戸大明神、真名瀬
湘南国際村、葉山港
[海] 森戸海岸・一色海岸・長者ヶ崎（海水浴場）
大浜海岸（マリンスポーツエリア）、葉山港（ハーバー）
[山] 仙元山ハイキングコース、三ヶ岡山ハイキングコース

3．葉山の人口推移

	総数	男	女
大正９年	7,558	3,738	3,820
大正14年	8,252	4,071	4,181
昭和５年	9,166	4,595	4,571
昭和10年	9,383	4,672	4,711
昭和25年	15,484	7,369	8,115
昭和40年	17,617	8,353	9,264
昭和55年	28,359	13,706	14,653
平成７年	29,883	14,245	15,638
平成22年	32,766	15,426	17,340

4．葉山の主要産業（平成21年）

産業大分類	事業所数	従業者数
全産業	1,082	8,062
卸売業、小売業	265	1,568
宿泊業、飲食サービス業	159	1,410
建設業	152	840
生活関連サービス業、娯楽業	84	365
学術研究、専門・技術サービス業	70	310
製造業	32	208
農林漁業	3	52

5. 葉山の姉妹都市

群馬県草津町
ホールドファストベイ市（オーストラリア）

6. 葉山町環境基本条例の基本理念

「地球上の人々と協調・共生をはかり、豊かな自然に囲まれた中で安全で快適な生活を実現するまち」

8. 町の木と花

くろまつ

つつじ

7. 葉山町環境基本計画（対象範囲）

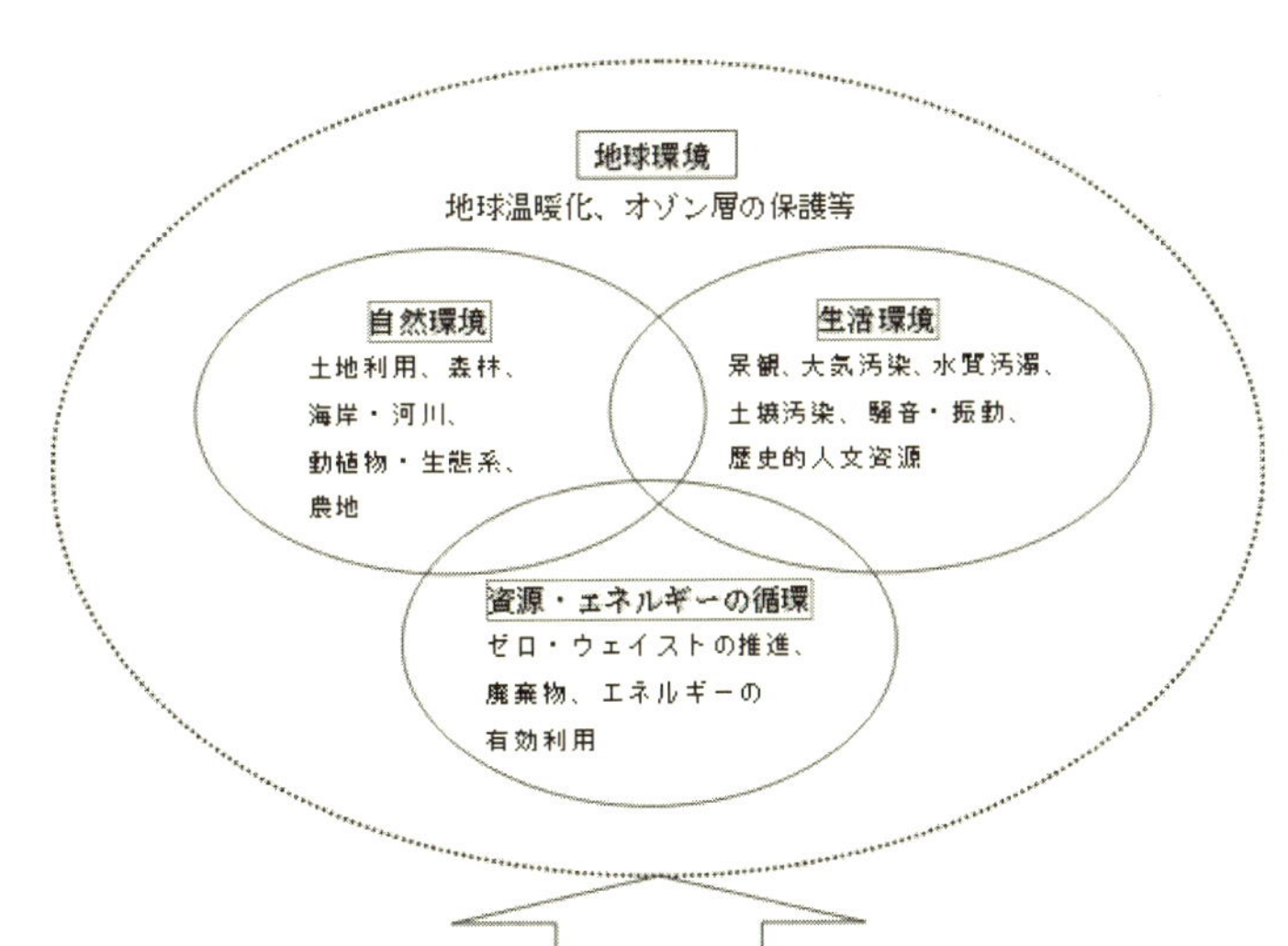

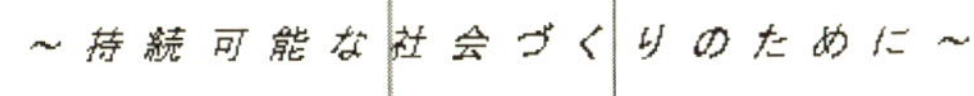

執筆者紹介

立川　文夫（たちかわ たけお）
逗子開成学園理事長。横浜商科大学名誉教授。地域デザイン学会監事。
1940年生まれ。専修大学経営学部卒業。
著書；『畜産企業における経営とIT化の研究』（創成社）他多数。

山梨　崇仁（やまなし たかひと）
葉山町長。
1977年生まれ。法政大学大学院政治学研究科終了。

原田　保（はらだ たもつ）
ハリウッド大学院大学教授・生活文化研究所長。地域デザイン学会会長。元㈱西武百貨店取締役。
1947年生まれ。早稲田大学政治経済学部卒業。
著書多数。

鈴木　敦詞（すずき あつし）
りんく考房代表。芝浦工業大学デザイン工学部非常勤講師。
1963年生まれ。多摩大学大学院経営情報学研究科修士課程修了。
著書；『温泉ビジネスモデル』（分担執筆、同文館出版）、『海と島のブランドデザイン』（分担執筆、芙蓉書房出版）など。

鈴木　正祐（すずき まさすけ）
逗子開成学園理事。
1941年生まれ。法政大学法学部卒業。

荒井　直彦（あらい なおひこ）
葉山町議会議員。議会広報常任委員会副委員長。
1958年生まれ。関東学院大学経済学部卒業。

鈴木　道子（すずき みちこ）
葉山町議会議員（６期中）。元町議会議長。議会教育民主常任委員会委員長。
1949年生まれ。早稲田大学第一文学部卒業。

鈴木　良久（すずき よしひさ）
日本防災士会葉山町支部事務長。葉山町文化協会副会長。
1943年生まれ。逗子開成学園高等学校卒業。

関口　之宏（せきぐち ゆきひろ）
葉山町都市経済部産業振興課課長補佐。
1959年生まれ。東海大学政治経済学部政治学科地方行政課程卒業。

立川　大和（たちかわ やまと）
CG & Web クリエイションワーク・講師。
1978年生まれ。國學院大学経済学部経済ネットワーキング学科卒業。
著書；『経営学』（分担執筆、創成社）。

監修者
地域デザイン学会
2012年設立。地域振興や地域再生を、コンテンツではなく、知識や文化を捉えたコンテクストの開発によって実現することを指向し、学際的、業際的な地域デザインを知行合一的に推進しようとする学会。
事務局：107-0052東京都港区赤坂8-5-26　赤坂DSビル4階
一般社団法人ソーシャルユニバーシティ内
http://www.zone-design.org

〈地域ブランドブックス④〉
葉　山　高質なスロースタイルブランドの実践
—神奈川県三浦郡「葉山町」の地域ブランド戦略—

2015年 3月20日　第1刷発行

監修者
地域デザイン学会
編著者
立川丈夫・山梨崇仁

発行所
㈱芙蓉書房出版
（代表　平澤公裕）
〒113-0033東京都文京区本郷3-3-13
TEL 03-3813-4466　FAX 03-3813-4615
http://www.fuyoshobo.co.jp

印刷・製本／モリモト印刷

ISBN978-4-8295-0646-2